L'HONNETE HOMME ET LA CRITIQUE DU GOUT

FRENCH FORUM MONOGRAPHS

29

Editors R.C. LA CHARITÉ and V.A. LA CHARITÉ

L'HONNÊTE HOMME ET LA CRITIQUE DU GOÛT
ESTHÉTIQUE ET SOCIÉTÉ AU XVIIᵉ SIÈCLE

JEAN-PIERRE DENS

FRENCH FORUM, PUBLISHERS
LEXINGTON, KENTUCKY

Copyright © 1981 by French Forum, Publishers, Incorporated, P.O. Box 5108, Lexington, Kentucky 40505.

All rights reserved, including the right to reproduce this book, or parts thereof, in any form, except for the inclusion of brief quotations in reviews.

Library of Congress Catalog Card Number 81-68005

ISBN 0-917058-27-5

Printed in the United States of America

A Nathan Edelman,
Maître et ami très regretté

AVANT-PROPOS

Ce travail se fonde sur le postulat essentiel que dans la pensée classique la fonction esthétique présuppose et se modèle d'après la fonction sociale. D'où, les deux volets de cet ouvrage.

Dans le premier volet nous avons cherché à définir les points cardinaux de la théorie de l'honnêteté qui sert de support à la fonction esthétique. Depuis l'ouvrage de Maurice Magendie sur *La Politesse mondaine et les théories de l'honnêteté en France au 17e siècle de 1600 à 1660*, paru en 1925, rien de significatif n'a été écrit sur l'honnête homme. Contrairement à Magendie toutefois, notre étude se limite à l'examen sémantique de la notion d'honnêteté et laisse à l'arrière-plan l'histoire des mœurs et de la société, fort bien connue du reste. Notre étude couvre *grosso modo* la période s'étendant de 1670 à 1700, après quoi la vogue de l'honnêteté décroît sous la poussée de forces nouvelles. A côté des théoriciens mondains de l'honnêteté, dont le Chevalier de Méré reste le meilleur représentant, d'autres se sont attachés à concilier cet idéal avec les valeurs chrétiennes. L'ouvrage de l'abbé Goussault, *Le Portrait de l'honnête homme* (1694), qui n'a fait l'objet d'aucune étude, constitue un effort significatif dans ce sens.

Le second volet porte plus spécifiquement sur certaines notions-clé de l'esthétique classique. La théorie de l'agrément joue ici un rôle primordial et reflète l'influence croissante du public des "honnêtes gens" sur l'écrivain. Aucun siècle n'a sans doute à ce point célébré l'art de plaire tant sur le plan de l'écriture que du comportement social. On oublie parfois que le rationalisme cartésien trouve sa contre-partie dans le "je-ne-sais-quoi."

C'est ainsi que l'histoire de la critique durant la seconde moitié du 17e siècle s'explique dans une large mesure par un mouvement de réaction contre l'abus des "règles," dont Chapelain s'était fait le champion. Sous l'influence des salons et des théories de l'honnêteté de nouveaux concepts s'introduisent dans le vocabulaire esthétique. Nous nous sommes en particulier attachés à définir les notions d'*agrément*, de *bienséance*, de *naturel*, de *vraisemblance*, et de *bon goût*. L'apparition de la notion de *bon goût* vers 1660 signale un changement radical dans la critique qui se fonde de plus en plus sur des valeurs subjectives et irrationnelles. Ce courant se prolongera au début du 18e siècle, comme l'attestent les préoccupations de Du Bos et de l'abbé Batteux.

L'un des principaux buts de notre enquête a été de formuler une théorie de la mimesis classique à partir des recoupements entre l'esthétique et le social. Comme point d'ancrage nous avons choisi le débat littéraire qu'entraîna l'aveu de la Princesse de Clèves dans le roman de Mme de La Fayette. En examinant les textes de Valincour et de Bussy-Rabutin, il nous a paru qu'ils constituaient un exemple frappant d'une critique où les exigences de la vraisemblance (principe formel) s'allient de façon étroite avec les impératifs de la bienséance (principe social). La mimesis classique ne peut à notre sens se comprendre en dehors de l'axe vraisemblance-bienséance qui trouve lui-même son fondement dans l'idéal de l'honnêteté.

Des remerciements s'imposent pour terminer. Ce travail ne serait pas ce qu'il est devenu s'il n'avait bénéficié des conseils et des encouragements de MM. Bernard Beugnot, Judd Hubert, Ronald Tobin, et Roger Zuber. Leurs précieux commentaires et leurs nombreuses suggestions bibliographiques confèrent à ce travail un caractère qu'il n'aurait pas eu sans eux. Qu'ils trouvent ici l'expression de ma plus profonde gratitude. Enfin, je tiens à remercier Mlle Nancy Vroom pour ses excellents services dactylographiques.

TABLE DES MATIERES

AVANT-PROPOS 9

I. LE CHEVALIER DE MERE: MODELE ET THEORICIEN DE L'HONNETETE 11

II. L'HONNETE HOMME, LE MONDE ET DIEU 25

III. L'ART DE PLAIRE ET LE JE-NE-SAIS-QUOI 38

IV. L'HONNETE HOMME ET LES SAVANTS: CRITIQUE MONDAINE ET CRITIQUE DOGMATIQUE 59

V. LE BON GOUT 84

VI. BIENSEANCE, VRAISEMBLANCE ET MIMESIS CLASSIQUE 110

CONCLUSION 139

NOTES 141

BIBLIOGRAPHIE 151

I

LE CHEVALIER DE MÉRÉ :
MODÈLE ET THÉORICIEN DE L'HONNÊTETÉ

Pour comprendre l'originalité de la conception de l'honnête homme selon Méré, il faut d'abord la situer par rapport à celle de ses prédécesseurs. Parmi ces derniers, Nicolas Faret figure comme le plus important. Son *Honnête homme ou l'art de plaire à la Cour* (1630),[1] qui fit l'objet de nombreuses rééditions, est peut-être l'ouvrage de civilité le plus lu au 17e siècle. L'auteur y propose une théorie essentiellement bourgeoise et pratique de l'honnêteté. Comme le modèle dont il s'inspire, le *Cortegiano* de Castiglione,[2] il présente l'honnête homme sous les traits d'un courtisan, dont la mission principale est de servir les intérêts du Prince. Pour réaliser cette mission, le courtisan-honnête homme doit posséder un certain nombre de qualités intellectuelles, morales et physiques. Contrairement à Méré, Faret ne se préoccupe pas de la vie mondaine, qui à cette époque commençait à peine à se développer. L'honnête homme de Faret est surtout un arriviste qui cherche à gravir l'échelon social; son origine roturière, son manque de fortune l'obligent à plaire au Roi dans l'espoir d'obtenir des faveurs. On chercherait en vain dans cet ouvrage, conçu comme un *vade-mecum*, des considérations générales sur la nature et les principes de l'honnêteté; le souci de l'immédiat l'emporte sur la réflexion philosophique. Dans cette perspective l'art de plaire ne serait autre chose qu'un art de parvenir.[3]

Méré était apparemment conscient du caractère limité de cette conception lorsqu'il fait dire au Maréchal de Clérambault dans sa *Première Conversation*: "Quand je vins à la Cour, on était persuadé que pour être honnête homme, il ne fallait que savoir danser, ou courir la bague, ou quelque chose de cette nature."[4] Pour Méré, l'honnêteté ne se réduit pas à exceller dans des exercices physiques ou à "faire la cour" au Roi: elle embrasse un champ plus large et plus théorique qui trouve son fondement dans une morale du bonheur. Méré ne s'inspire pas de ses prédécesseurs immédiats pour formuler sa théorie de l'honnête homme. En ce qui concerne ses emprunts, il est surtout tributaire des Latins, et peut-être de Montaigne comme l'affirme, sans preuves, Magendie.[5]

La conception que Méré se fait de l'honnête homme est nouvelle à son époque et il ne manque pas de l'indiquer au début de son "Discours de la vraie honnêteté" (1677):

Je rêvais ce matin sur le mot d'honnête homme que nous avons pris de la langue latine; il est vrai que nous lui donnons un sens nouveau et d'une plus grande étendue; car ni les Latins ni les Grecs n'avaient de terme propre pour signifier ce que nous entendons par le mot d'honnête homme. (*OC*, II, 69)

Les Grecs ne possédaient pas d'expression équivalente à "honnêteté," celle s'en rapprochant le plus est le fameux *Kalonkagathon* qui dénote un idéal moral et esthétique en dehors de toute considération mondaine.[6] Si "honnête" dérive de *honestus*,[7] c'est par contre le concept *Urbanitas* qui traduit le mieux les qualités de l'honnête homme selon Méré. Celui-ci n'ignorait pas les écrivains grecs; toutefois, c'est le plus souvent aux auteurs latins qu'il se réfère, en particulier à Cicéron,[8] que Chapelain, le premier, traduisit en français et que Balzac mit à la mode.[9] Méré encourage ainsi son lecteur à "dire d'excellentes choses d'un ton agréable et galant" et à imiter les "honnêtes gens de l'ancienne Rome [qui] donnaient à cette adresse le nom d'urbanité (*OC*, III, 121). Voici comment il définit ce terme:

> Il me semble que cette urbanité n'est point ce qu'on appelle de bons mots, et qu'elle consiste en je ne sais quoi de civil et de poli . . . et qu'elle paraît en cela principalement qu'elle distingue un galant homme d'avec ceux qui ne savent ni vivre ni parler.[10]

L'urbanité diffère ainsi du *bel esprit*, pur jeu verbal souligné par l'allusion aux "bons mots," *concetti* qu'affectionnaient les salons précieux. Il est difficile d'établir dans quelle mesure la notion d'urbanité a pu influencer celle d'honnêteté; toutefois, il existe entre ces deux concepts des affinités certaines. Du point de vue sémantique et historique, la notion d'urbanité préfigure celle d'honnêteté, et il est significatif que le *Dictionnaire de l'Académie* définit urbanité comme "la politesse que donne l'usage du monde."

La conception mondaine de l'honnête homme prend sa source dans les milieux aristocratiques de la seconde moitié du 17e siècle. Bénéficiant de nombreux loisirs, les nobles pouvaient sans difficulté s'adonner aux plaisirs de la vie en société. Le "portrait" que nous présente Méré en constitue un bon exemple:

> Il y a toujours eu des fainéants sans métier, mais qui n'étaient pas sans mérite, et qui ne songeaient qu'à bien vivre et qu'à se produire de bon air. Ce pourrait être de ces sortes de gens que nous est venu ce mot si essentiel [honnêteté]. Et ce sont d'ordinaire des esprits doux et des cœurs tendres; des gens fiers et civils, hardis et modestes, qui ne sont ni avares ni ambitieux, qui ne s'empressent pas pour gouverner et pour tenir la première place auprès du roi. (*OC*, III, 70)

Ce texte met en avant certains aspects-clé de l'honnêteté qu'il est important de souligner. En premier lieu, l'honnête homme n'exerce d'habitude aucune profession. Son origine aristocratique en est la principale cause. Les nobles en France, on le sait, affichaient un profond mépris envers ceux qui se livraient à un métier, à part celui des armes qui leur était réservé de droit. En second lieu, l'honnête homme se distingue du courtisan, qui est attaché à la personne du Roi et dépend de lui pour son avancement. Soit que sa situation sociale l'en dispense, soit qu'il ne brigue pas les honneurs, l'honnête homme se contente généralement de son sort. L'essentiel pour lui n'est pas de se hausser au sommet de la pyramide sociale, mais de vivre le plus agréablement possible. Sa philosophie confine à une sorte de *aurea mediocritas*, à un hédonisme mesuré où le "bon air" tient lieu d'étalon. Incarnation des vertus moyennes, l'honnête homme fuit l'excès comme une menace à son équilibre. Contrairement au héros cornélien, qui ne vit que pour l'éclat, l'honnête homme cherche les coins abrités et évite le panache.

Morale aristocratique, l'honnêteté s'adresse aux *happy few*, groupe extrêmement restreint (la Cour et la Ville) qui partage la même idéologie. Se trouvent exclues d'office certaines classes sociales et certaines professions. "Il y a," écrit Méré, "d'honnêtes gens dans tous les métiers; il y en a pourtant où il est bien difficile de l'être; sergeant royal, valet de bourreau, tous les domestiques."[11] Une haute naissance, ou à défaut, de la fortune, sont des conditions indispensables pour être honnête. L'honnête homme vit dans une atmosphère raréfiée où l'appartenance sociale conditionne les bonnes manières. C'est pourquoi il bannit de son champ "la bassesse, le mauvais goût . . . , l'air grossier et peu noble, l'air qui sent le palais, la bourgeoisie, la Province et les affaires."[12] Notons que Méré n'exige pas comme condition d'éligibilité de l'honnêteté que l'on n'exerce aucun métier. Ce qu'il condamne, ce sont les signes extérieurs (jargon, maintien) qu'accompagnent souvent une profession. "Mais à la bien prendre," écrit-il, "un honnête homme n'a pas de métier. Quoiqu'il sache bien une chose, et que même il soit obligé d'y passer sa vie, il me semble que sa manière d'agir, ni son entretien ne le font remarquer" (*OC*, I, 11). Un avocat, par exemple, doit laisser derrière lui, avant de faire son entrée dans le monde, "toutes les choses qui ont l'odeur ou le goût du palais" (*OC*, III, 42). Dans l'optique de l'auteur, l'honnêteté est une valeur universelle qui exclut tout particularisme. La profession n'est qu'un accident, un trait qui nous singularise et peut nous aliéner de la société polie. L'originalité est par conséquent suspecte, car elle s'écarte d'un comportement stéréotypé.

Avec l'honnête homme, l'*homo socius* prend le pas sur l'homme vertueux et individuel. Le principe qui le fonde et constitue le nœud de la vie en société est l'uniformité.[13] "C'est la conformité qui fait qu'on se plaît ensemble" (*OC*, II, 106) observe Méré, affirmant par là son adhésion aux coutumes établies. La capacité de l'honnête homme à s'adapter à différentes situations résulte de son désir de plaire à un large public et de s'en faire estimer en retour. Il est en ce sens le produit d'un milieu et d'un moment historique—la société de Louis XIV— dont l'un des principaux objectifs est de célébrer la vertu de sociabilité:

> Il me semble que cette parfaite honnêteté demande que l'on se communique à la vie, et que l'on s'y enfonce; et je suis persuadé qu'il faut donner au monde quelque signe de pensée ou de sentiment dans la moindre chose qui se présente autant que la bienséance le permet. (*OC*, II, 79)

"S'enfoncer" dans la vie illustre admirablement l'attitude de l'honnête homme devant le monde. Toute son existence se résume à développer avec le maximum d'efficacité et d'agrément un art de la communication. Il ne vit que par le monde et pour le monde, ce dernier constituant son seul et unique critère. L'honnêteté finit par se transformer en un humanisme mondain qui englobe tous les aspects de notre moi social. Toutefois, contrairement à la morale du courtisan, qui est pragmatique et arriviste, l'honnêteté se propose comme une philosophie, ou mieux comme un *ars vivendi*, qui trouve en elle-même sa propre fin. Comme le déclare Méré: "Cette science [l'honnêteté] est proprement celle de l'homme, parce qu'elle consiste à vivre et à se communiquer d'une manière humaine et raisonnable" (*OC*, III, 72). Art réfléchi et mûri, l'honnêteté s'inscrit dans une perspective intramondaine où l'homme ne se définit que par rapport à ses semblables.

Dans la mesure où l'honnêteté est indissolublement liée à la vie de salon, il devient impossible de méconnaître l'influence des femmes. C'est particulièrement évident dans le cas de Méré. Qualifié parfois de "rival de Voltaire" bien qu'il n'ait jamais prétendu à un tel rôle, Méré fréquenta assidûment les femmes. Ninon de Lenclos compta parmi ses maîtresses, et il fut pendant quelque temps précepteur de Madame de Maintenon.[14] Notons que la plupart de ses lettres s'adressent à des femmes, au nombre desquelles la duchesse de Lesdiguières, sa principale bienfaitrice.[15] Plusieurs raisons expliquent ce fait. En premier lieu, depuis l'Hôtel de Rambouillet, les femmes ont joué un rôle prépondérant dans l'épuration des mœurs et le développement de la vie mondaine en France. Et ce n'est pas une simple coincidence si la majorité des salons portent des noms féminins.[16] La

France est en effet le seul pays en Europe à cette époque où la femme jouisse d'un certain degré de liberté.[17] Le courant précieux et les querelles féministes sont là pour l'attester.[18] A cette situation s'ajoute le fait qu'aux yeux de Méré la femme est plus naturellement disposée pour la vie mondaine. Les hommes sont souvent "tout d'une pièce, sans manières et sans façons, et si les uns veulent plaire aux autres, ce n'est guère que par quelque vertu solide ou par quelque service" (*OC*, III, 75). Il leur manque la grâce et cet enjouement qui font que l'on recherche tellement la compagnie des femmes. On a donc intérêt à les fréquenter d'autant plus que "ceux qui ne se sont pas faits à leur manière délicate et mystérieuse ne savent bien souvent que leur dire" (ibid.). Le public de l'honnête homme étant en majorité composé de femmes explique l'importance que Méré attache à l'art de plaire. Ce sont elles qui, en définitive, imposent à la société son étiquette même si ce sont les hommes qui en formulent la théorie. Il n'est alors que logique que Méré les propose en modèles. "Il me semble," déclare-t-il, "que le commerce des honnêtes gens est à rechercher, mais l'entretien des dames, dont les grâces font penser aux bienséances, sont encore plus nécessaires pour s'achever dans l'honnêteté" (ibid.).[19]

Si l'un des buts de l'honnête homme est de plaire aux femmes, il se distingue néanmoins du galant homme, dont la seule préoccupation est la conquête amoureuse.[20] Le donjuanisme est un état passager qui ne dépasse guère le sensualisme et finit par s'anéantir dans le vieillissement de l'âme et du corps. C'est pourquoi il se trouve d'habitude associé avec la jeunesse et passe "comme une fleur ou comme un songe" (*OC*, I, 18). L'honnêteté n'exclut pourtant pas la galanterie encore qu'elle ne puisse s'y réduire. Il s'agirait alors d'une différence de profondeur; si le galant homme sait d'habitude mieux s'y prendre avec les femmes, il lui manque par contre une compréhension globale et approfondie de la *praxis* mondaine:

Il me semble qu'un galant homme est plus au courant de la vie ordinaire, et qu'on trouve en lui de certains agréments qu'un honnête homme n'a pas toujours; mais un honnête homme en a de bien profonds quoiqu'il s'empresse moins dans le monde.
(*OC*, I, 18)

L'idéal de l'honnêteté, s'il n'exclut pas la galanterie, le dépasse par son côté théorique et esthétique. La galanterie se limite à un type particulier d'activité–l'exploit amoureux–alors que l'honnêteté propose une vision générale de l'homme mondain.

Ce qui distingue Méré de ses prédécesseurs est le primat qu'il accorde aux valeurs mondaines sur les impératifs moraux. En subordonnant la morale au monde, Méré institue l'*homo socius* comme valeur suprême:

> On pourrait être fort homme de bien et fort malhonnête homme. Il ne faut qu'être juste pour être homme de bien, et pour être honnête homme il se faut connaître à toutes sortes de bienséances et les savoir pratiquer. Il me semble aussi qu'on pourrait être le plus honnête homme du monde sans être le plus juste.[21]

La vertu n'a donc rien à faire avec l'honnêteté, qui se fonde sur des critères strictement extérieurs. L'homme peut être bon ou mauvais *à l'intérieur*; aux yeux de la société polie, il se sauvera par ses bonnes manières. Cette dichotomie est fondamentale, car elle arrache l'homme à l'emprise de ses passions qu'il rachète en les sublimant par ses bonnes manières. La justice de ses actions importe peu au regard de l'apparence agréable qu'elles assument. L'honnêteté est un *ars vivendi*, non une métaphysique; elle vise à rendre l'homme heureux dans ce monde, non dans l'autre. La religion elle-même est travestie et "mondanisée" afin de mieux s'accorder aux principes de l'honnêteté. L'art des agréments se met ainsi au service d'une eschatologie:

> Quand je pense que le Seigneur aime celui-ci et qu'il haït celui-là sans qu'on sache pourquoi, je ne trouve d'autre raison qu'un fonds d'agrément qu'il voit dans l'un et qu'il ne trouve pas dans l'autre, et je suis certain que le meilleur moyen et peut-être le seul pour se sauver c'est de lui plaire. (*OC*, II, 29)

Ceci constitue toutefois un cas limite que nous n'avons rencontré que chez Méré, qui pousse la théorie de l'honnêteté dans ses ultimes conséquences. Il n'en est pas moins significatif de la tendance de l'honnêteté à se substituer et à prévaloir sur les autres domaines. Nous assistons ici à ce que Jean Starobinski appelle une "transmutation esthétique" où l'homme se délivre ou s'allège de ses obligations morales pour se vouer à des tâches esthétiques.[22] La vertu disparaît au profit d'une perfection de surface, l'apparence (l'air et les manières) présumant dorénavant du fonds.

"Si quelqu'un me demandait en quoi consiste l'honnêteté," écrit Méré, "je dirais que ce n'est autre chose que d'exceller en tout ce qui regarde les agréments et les bienséances de la vie" (*OC*, III, 77). Définition exemplaire qui a l'avantage de présenter les deux concepts générateurs de l'honnêteté. Les notions d'agrément et de bienséance exigent à elles seules tout un développement qui fera l'objet des chapitres ultérieurs. On se limitera ici à en préciser l'importance et la fonction dans le cadre de l'honnêteté. Dans une société qui a érigé l'art de plaire en un canon esthétique et moral, il n'est que logique que la poursuite de l'agrément soit l'une des préoccupations majeures de l'honnête homme. Méré déclare dans une de ses lettres qu'"il ne faut avoir pour principal but que de plaire aux plus honnêtes gens";[23] et ailleurs il note que "plaire est une preuve infaillible de l'honnêteté" (*OC*, II, 52). Ces deux textes montrent que l'honnêteté doit se comprendre comme une esthétique des effets et un pragmatisme mondain. Les conditions de la société polie ne requièrent pas que l'homme se distingue par sa probité, mais que son comportement soit efficacement agréable. Cette esthétique de l'expression compense la carence des valeurs métaphysiques et morales, l'homme social étant exclusivement jugé par son paraître. Plaire implique une réussite sur le plan des rapports mondains en dehors de toute considération morale; au sein de ce jeu de forces, l'honnête homme cherche à mettre en valeur sa *persona* afin de se gagner l'Autre. Cette démarche s'apparente à une véritable stratégie où c'est le plus habile qui l'emporte et non le plus vertueux.

Cette stratégie, qui culmine dans un art d'agréer, implique une connaissance approfondie du cœur humain. "Quelle apparence de plaire aux honnêtes gens," écrit Méré, "à moins que de connaître ce qui les peut toucher et par quelle voie on les gagne" (*OC*, I, 46). L'honnêteté transpose au niveau de la société polie des conditions similaires existant sur un champ de bataille. Dans les deux cas, il y a quelque chose à "gagner"; certes, les méthodes d'appropriation et l'objectif diffèrent, l'honnête homme ne recourrant ni à la force ni à la prise de corps. Mais sa manière est bien plus subtile, car elle touche sur le fonds même de notre être et on découvre les plus secrets mécanismes. Tous les efforts de l'honnête homme visent dès lors à perfectionner sa maîtrise de la psychologie humaine. "Il me semble," observe Méré, "que dans le dessein de se rendre honnête homme le plus important consiste à connaître en toutes choses les meilleurs moyens de plaire et de les savoir pratiquer."[24] Ce texte situe l'honnêteté dans une perspective sémiotique où les signifiants, notre être extérieur, constituent le point central de référence. L'art de plaire implique une esthétique visuelle qui ignore nos motivations intérieures; dans les pirouettes d'une conversation enjouée, l'homme se donne un rôle, un masque. Son but n'est pas de rappeler autrui aux austérités de la vertu, mais de lui faire oublier pour un moment son vide intérieur. Autant qu'une stratégie du langage et une gestuelle, l'honnêteté est un divertissement où l'homme se complaît dans une illusion heureuse.

Si la perception et la poursuite de l'agrément constituent la dominante de l'honnête homme, c'est la bienséance qui lui sert de guide et de référent. Ce concept qui, nous le verrons dans le dernier chapitre, gît au cœur de la *mimesis* classique, empêche l'honnête homme de commettre des impairs. Elle constitue un code d'étiquette qui lui ouvre l'arcane des préséances mondaines. Dans une société aussi formaliste et hiérarchisée que celle de Louis XIV, nul ne pouvait se permettre d'enfreindre la bienséance sans encourir des admonestations sévères ou risquer le bannissement. Méré est plus qu'un autre conscient de ses exigences: "Enfin le plus difficile secret pour être honnête homme dépend de trouver le tempérament le plus juste en toutes ses actions, et de se connaître à la bienséance."[25] La principale fonction de la bienséance est de tempérer nos actions en les assujettissant à des préceptes sociaux. Une action *sied* lorsqu'elle est convenable, c'est-à-dire conforme au rituel prescrit par la société polie. Principe formel et limitatif, la bienséance restreint considérablement le champ de nos activités; ses critères sont tout extérieurs et n'ont en vue que le jeu mondain. Elle peut dès lors être considérée comme un impératif absolu. Comme l'indique Méré: "Celui qui garde en tout la bienséance vit toujours bien, car elle consiste en cela que ce qu'on fait ou ce qu'on dit ne soit pas seulement bon en soi-même, mais aussi qu'à toutes sortes d'égards il ne s'y trouve rien à redire" (*OC*, III, 29).

Revêtu de cette assurance, l'honnête homme peut sans crainte s'adonner au plaisir mondain.

En examinant les principaux textes de Méré, on découvre rapidement que les concepts qui dominent son vocabulaire esthétique ne cessent de s'interpénétrer. Il existe une grande contiguité sémantique entre la notion d'honnêteté et celle d'agrément. Toute la théorie mondaine de l'honnêteté présuppose et finit par déboucher sur l'art de plaire. Ce rapport réciproque est mis en évidence dans le passage suivant:

> Il me semble aussi que nos actions ne sont agréables que parce qu'elles sont honnêtes, si ce n'est qu'on les veuille tourner d'un autre sens, qui paraît encore plus juste: qu'elles ne sont honnêtes qu'autant qu'elles sont agréables. (*OC*, III, 94)

En d'autres mots, pour être honnête et se faire bien recevoir par la société polie, il faut nécessairement être agréable. L'intention ou la justice de nos actions se subordonne alors à l'agrément qu'elles communiquent. Cet univers de la qualité et de l'expression substitue au critère éthique un critère formel et immédiat. L'homme n'est plus jugé en lui-même, mais en fonction du rapport, positif ou négatif d'après l'*effet* produit, qu'il institue avec ses semblables. L'honnêteté vise à faciliter et à harmoniser les échanges mondains en les rendant uniformes; son postulat est que l'homme est avant tout un être social et qu'il se doit d'abord à la société. Il ne s'agit toutefois pas de la Société au sens large, car l'honnête homme est tout le contraire d'un altruiste. Foncièrement égoïste, il ne se soucie que de sa *persona*; l'Autre n'est qu'un miroir, un pion sur l'échiquier mondain. La politique ne l'intéresse guère; habitant un monde clos, il ne songe qu'à paraître de "bon air" et à créer un masque heureux. Sa manière d'être occulte son moi profond qui trouve dans la parade mondaine un refuge et une nouvelle nature. Pour l'homme classique honnête homme, être *vrai* ne consiste pas à révéler son être véritable, mais à réaliser au maximum une consonance musicale entre un dehors agréable et un dedans présumé.[26]

Voyant dans l'honnêteté "le comble et le couronnement de toutes les vertus" (*OC*, III, 71), Méré l'érige comme une morale du bonheur. Dans cette optique, l'honnêteté est nécessairement un eudémonisme:

> L'honnêteté me semble la chose la plus aimable, et les personnes de bon sens ne mettent pas en doute que nous la devons aimer que parce qu'elle nous rend heureux; car la félicité est, comme on le sait, la dernière fin des choses que nous entreprenons.
>
> (*OC*, III, 99)

Pour Méré, le bonheur de l'homme ne peut se trouver que dans le commerce mondain qui se substitue à l'effort héroïque et moral. L'homme n'a plus besoin de lutter contre ses passions puisque la société lui permet de les camoufler derrière son air et ses manières. Le bonheur que propose Méré est un bonheur transitoire et de surface qui ne suppose aucune perspective supra-terrestre. Il suffit de plaire pour être heureux. L'homme se leurre en trompant les autres; le masque qu'il se confectionne le dispense de sa singularité en le rendant conforme à un stéréotype rassurant. Ayant abdiqué son individualité devant les exigences de la bienséance et de l'art de plaire, il n'a plus qu'à bien jouer le jeu.

Ce jeu, c'est au niveau du langage qu'il prend place. Ou, plus précisément, dans la conversation mondaine, suprême rituel de la société polie. Ce que Starobinski appelle "un pari pour la parole" s'actualise dans les circonlocutions d'un discours où les moindres nuances et modalités sont pesées. Univers artificieux, le langage mondain se désintéresse du message au profit de la forme. Ce n'est pas ce qu'on communique qui importe, mais sa manière. Les principes de la conversation débordent même dans la création littéraire comme en témoignent les nombreux ouvrages ayant pour titres *Conversations, Discours, Entretiens, Dialogues*. La littérature classique, nous aurons à le montrer par la suite, s'inspire toujours d'une *epistémè* qui trouve son référent dans un comportement social. L'écriture constitue un véhicule au service d'une parole. Elle est un mode de communication qui prolonge un discours ayant commencé ailleurs. Il suffit de se rapporter aux *Maximes* de La Rochefoucauld ou aux nombreuses *Lettres* des contemporains pour s'en convaincre.

Nous avons ébauché ailleurs l'historique de l'art de converser au 17e siècle;[27] nous nous dispenserons par conséquent d'y revenir. Toutefois, étant donné l'importance que l'honnête homme lui accorde et le fait que Méré est l'un de ceux qui a le mieux codifié cet idéal,[28] la conversation mondaine doit occuper ici une place spéciale. C'est d'autant plus important que le style de la conversation a partie liée avec celui de la critique mondaine. *Les Entretiens d'Ariste et d'Eugène* du P. Bouhours et les *Lettres sur la Princesse de Clèves* de Valincour, pour ne citer que ceux-là, sont des ouvrages écrits pour un public d'"honnêtes gens." En conséquence, le style aussi bien que l'organisation de la matière se ressentent des prémisses du discours "honnête." Ce lien est affirmé emphatiquement par Méré:

> Il me semble aussi que pour toucher sensiblement par le discours les personnes qu'on entretient, il n'est pas si nécessaire de chercher d'excellentes choses que de leur dire de celles qui ont le plus de rapport à leur génie, à leur naturel, à leur inclination, et nous voyons en tout que la ressemblance et la conformité font naître la sympathie. (*OC*, III, 132-33)

Que ce soit dans le domaine du comportement langagier ou dans celui de l'écriture, les mêmes principes s'appliquent: naturel, ressemblance (le fondement de la notion de vraisemblance) et conformité. Le but final, il va sans dire, est de plaire et d'émouvoir. Ainsi, au départ de tout plaisir esthétique se situe un *rapport* de complémentarité entre un lecteur/auditeur et un texte/parole. Le discours classique prolonge et institutionalise en une forme écrite un idéal social. L'honnête homme écrivain, on le verra, est un charmeur public dont l'objet n'est pas d'entreprendre une révolution du langage, mais de plaire.

Les caractères mêmes de la conversation mondaine obligent à n'aborder que des sujets généraux et non techniques. Comme écrit Méré:

> Je ne voudrais parler que bien rarement des choses qui ne sont point de la connaissance ordinaire du monde, comme de la politique, de la chicane et des affaires. Ce sont des sujets ennuyeux pour les esprits bien faits. (*OC*, III, 119)

La crainte d'engendrer l'ennui, péché capital des mondains, et la présence dominante des femmes dans les salons, déterminent dans une large mesure les sujets discutés. Construite sur des riens fugitifs, des saillies momentanées (les fameux *concetti*), la conversation mondaine est un divertissement pour gens oisifs. On s'y enrichit moins le cœur qu'on ne s'y aiguise l'esprit; c'est le brio verbal qui compte, et non la profondeur des sentiments. Sa fonction est de nous arracher à nous-mêmes en nous transportant dans un univers ludique. Dans le tracé d'une parole brillante, l'homme oublie pour un moment sa nature malheureuse. Pure parade, la conversation mondaine est semblable au passage d'un météore dans un ciel vide. Comme le note Starobinski: "La conversation est une activité heureuse, mais elle ne voile que de façon précaire . . . le malheur fondamental de la condition humaine."[29] Désespérant de la vertu, l'honnête homme se perdra avec délices dans la magie d'un divertissement verbal.

Pour l'honnête homme, le langage représente la possibilité d'un rachat au travers d'une mutation esthétique. S'il ne peut perfectionner son être intérieur, du moins pourra-t-il tenter de polir son expression, son air et ses manières. L'apparence sert ici à présumer du fonds: l'honnête homme *est* ce qu'il *paraît*, et la société n'en demande pas plus. Le langage institue un rapport entre notre *persona* et la société polie, rapport qui implique un réseau de signifiants communs. Ainsi, pour être efficace, le langage classique doit traduire un déjà-là, un système sémiotique reconnaissable. Méré en rend compte dans une de ses lettres:

> Du reste la beauté du langage ne plaît guère moins que celle des pensées, pourvu que ce soit une vraie beauté; mais je vous avertis qu'elle dépend beaucoup plus de la délicatesse du goût et de l'esprit que de la connaissance des mots et des façons de parler. Cette beauté consiste à s'expliquer de l'air qui sied le mieux parmi les gens de la Cour fine et galante, et à dire les choses comme les voudrait dire parfaitement un honnête homme. C'est là le véritable fonds du beau langage.[30]

Le langage n'est qu'une forme du "bon usage," l'actualisation verbalisée/écrite du code des bienséances. L'honnête homme ne fait guère que reproduire un fonds significatif établi; il n'invente pas un langage, mais se contente de réciter le mieux possible celui qu'il a appris.

L'honnêteté rejoint l'une des aspirations les plus fondamentales de la pensée classique: son goût de l'universalité. Contrairement à Faret et à ses prédécesseurs qui voyaient en l'honnête homme un courtisan, Méré y découvre un idéal de vie et une *philosophia perennis*. L'honnête homme est l'homme par excellence; aimable, cultivé sans tomber dans la spécialisation, soucieux d'autrui sans être altruiste, prudent, circonspect, sans cesse attentif à l'image qu'il projette. Il est le modèle inégalé d'une société formaliste qui accorde à l'air et aux manières une valeur absolue. L'honnête homme représente pour le classicisme ce que l'humaniste représentait pour la Renaissance: un idéal à imiter et à poursuivre, un type d'humanité qui se veut intemporel:

> Pour démêler la vraie honnêteté d'avec la fausse, on se doit assurer qu'elle n'a rien que de bien réel, rien qui ne soit juste et raisonnable en tous les endroits du monde; car elle est universelle et ses manières sont de toutes les cours depuis un bout de la terre jusqu'à l'autre. (*OC*, III, 93)

Comme Socrate, que Méré admirait tant, l'honnête homme se veut "citoyen du monde." Il rejette toute limitation spatio-temporelle: "Le changement des lieux, la révolution du temps, la différence des coutumes ne lui ôtent presque rien" (*OC*, III, 93). A l'image de la société dont elle incarne les valeurs, l'honnête homme conçoit son système de valeurs comme indépassable et destiné à se perpétuer. "Si l'on aime quelqu'un à cause qu'il est honnête homme, on l'aime toujours, et de ce côté le temps n'a aucune prise sur lui" (*OC*, I, 18).

Morale anti-héroïque, l'honnêteté est la revanche, ou la réponse désabusée, de la société de Louis XIV à l'époque de Corneille. A des temps nouveaux, il faut un nouvel idéal humain. Dépossédée de son pouvoir, la noblesse ne cherche plus tant à se distinguer par ses prouesses guerrières, qu'à exceller dans l'art de plaire. Son théâtre d'opérations s'est transporté du champ de bataille à la cour. C'est à Versailles que tout se noue et se dénoue. On est loin de la Fronde où les destins se faisaient l'arme à la main. Le principal duel est maintenant celui de la parole. L'homme apprend à dominer son discours, son maintien, et jusqu'à son regard afin de mieux dominer autrui. Dans l'univers des masques il devient lui-même un masque, un faux-semblant. Tout sourire est piège et toute flatterie est guet-apens. Dans une société qui a érigé le paraître en valeur suprême, l'honnête homme est un acteur qui s'efforce de bien s'acquitter de son rôle. Le bonheur qu'il recherche n'est pas celui qu'accompagne le sentiment d'avoir accompli une action vertueuse, mais celui qui résulte d'une scène bien jouée. "All the world's a stage, and all the men and women merely players," écrivait Shakespeare.

II

L'HONNÊTE HOMME, LE MONDE ET DIEU

Si Méré est le théoricien le plus accompli de l'honnêteté, il n'est pas le seul à s'y être intéressé. D'autres écrivains, soit qu'ils le rejoignent ou s'écartent de lui, ont discouru du sujet. On peut les classer dans deux catégories: ceux qui accordent le primat aux valeurs mondaines, et ceux qui les subordonnent à une vision chrétienne de l'homme.

La Rochefoucauld se situe dans la première catégorie. Bien souvent, lorsqu'on songe à une définition de l'honnêteté, c'est à cette maxime que l'on se rapporte: "Le vrai honnête homme est celui qui ne se pique de rien."[1] Définition presque passée en proverbe et qui semble un peu servir de passe-partout. *Se piquer* de quelque chose signifie se mettre en avant, chercher à se distinguer par un comportement singulier. Méré définit l'expression comme suit: ". . . se piquer de rien, je veux dire sans rien faire qui ne s'offre de soi-même et sans rien dire qui puisse témoigner qu'on se veut faire valoir" (*OC*, II, 45). Bref, l'honnête homme doit agir de façon naturelle et ne jamais s'écarter de la norme, en cherchant à coïncider avec un type d'humanité universel. Comme le déclare La Rochefoucauld dans une autre maxime: "L'honnêté n'est d'aucun état en particulier, mais de tous les états en général."[2]

A l'exception de ces deux maximes et de quelques remarques isolées, La Rochefoucauld ne discute guère l'honnêteté.[3] Son analyse s'inscrit toutefois dans une optique résolument mondaine. Si l'on se penche d'autre part sur ses *Réflexions diverses*, on note une préoccupation majeure pour la vie mondaine.[4] Comme nous avons essayé de le montrer ailleurs, c'est dans ce texte capital, trop peu étudié, qu'il faut voir l'aboutissement de la pensée de l'auteur.[5] Ne croyant plus dans la bonté intrinsèque de la vertu, minée par l'amour-propre et les passions, l'homme découvre dans la société polie un refuge.

Aussi mince soit-elle, la contribution de Mitton à la théorie de l'honnêteté ne peut être passée sous silence. Le personnage lui-même n'est guère intéressant.[6] Bourgeois enrichi, Mitton est le type même du libertin qui ne songe qu'à jouir au maximum de la vie. Il est l'auteur de deux essais assez courts intitulés respectivement *Pensées sur l'honnêteté* et *Description de l'honnête homme*, qui parurent sans nom d'auteur en 1680 dans le tome VI des *Oeuvres mêlées* de Saint-Evremond. Ils couvrent à peine une douzaine de pages. Henri A. Grubbs, dans son étude de Mitton, les a reproduits;[7] nous les citerons d'après son ouvrage, l'édition originale étant pratiquement introuvable.

Dans le premier de ces textes, *Pensées sur l'honnêteté*, Mitton définit ainsi ce concept: "C'est ce ménagement de bonheur que l'on doit appeler l'honnêteté, qui n'est à le bien prendre que l'amour-propre bien réglé."[8] Comme chez Méré, l'honnêteté se pose comme un oeudémonisme, une morale du bonheur. Il faut *ménager* ce bonheur, c'est-à-dire le rendre possible en évitant qu'il ne gêne autrui. L'honnêteté devient une tentative pour créer une harmonie de surface, une entente agréable et superficielle:

L'honnêteté doit donc être considérée comme le désir d'être heureux, mais de manière à ce que les autres le soient aussi. Qu'on regarde, qu'on examine toutes les actions honnêtes, on trouvera qu'elles sont toutes de cette nature et qu'elles roulent toutes sur ce principe.[9]

Ce principe est celui de la sociabilité où chacun n'engage que son être extérieur; on se prête à la société polie, on ne s'y donne jamais. Le bonheur qu'elle offre est un bonheur artificiel qui s'exprime dans la mimique et la tromperie. Derrière la façade des bienséances, Dieu seul sait ce que cache l'homme.

Le second essai de Mitton, *Description de l'honnêteté*, déçoit car il ne possède aucun développement théorique. Le portrait de l'honnête homme que propose l'auteur ressemble à une image d'Epinal: "L'honnête homme remplit tous les devoirs; il est bon sujet, bon père, bon ami, bon citoyen, bon maître; il est indulgent, humain, secourable, et sensible aux malheurs des autres."[10] Paragon des vertus familiales et civiques, l'honnête homme de Mitton revêt un caractère moral et bourgeois qui détonne avec celui que nous peint Méré. Il n'empêche que pour l'essentiel ces deux auteurs s'accordent. Ainsi, l'honnête homme ne doit être ni intéressé ni se montrer "au grand jour."[11] Les écrits de Mitton ont surtout une valeur historique et signalent la vogue de ce terme à l'époque; comme le remarque H. Grubbs, il manque à Mitton des vues développées; le plus souvent il simplifie et schématise.[12]

Jean Pic, par contre, offre dans ses *Devoirs de la vie civile* (1681) des consideratons qui méritent que l'on s'y attarde plus. Pour lui, l'honnête homme est l'image même de la modération et du contrôle de soi:

> Si son action est agitée, elle l'est toujours à propos; mais quelque raison qui le puisse émouvoir, elle ne va jamais au-delà des bornes de la bienséance et son agitation marque plutôt qu'il est sensible qu'il est emporté. Toujours maître absolu de ses mouvements, on ne lui voit rien faire que la raison ne puisse avouer. (p. 25)

Si le comportement de l'honnête homme est par définition mesuré, c'est que la société polie est toujours là pour le rappeler à l'ordre. Celle-ci pardonne tout pourvu que l'apparence de nos actions soit conforme aux signes prescrits. Dans l'univers du paraître et de l'agréable, même nos défauts peuvent devenir des qualités. Ce paradoxe auquel conduit le jeu mondain trouve chez La Rochefoucauld l'une de ses meilleures expressions: "nous plaisons plus souvent dans le commerce de la vie par nos défauts que par nos qualités"; ou encore: "Il y a de certains défauts qui, bien mis en œuvre, brillent plus que la vertu même."[13] L'honnêteté excuse tout, même le vice.

La condition de cette attitude est liée à une grande lucidité psychologique sur laquelle insiste Jean Pic:

> On aurait beau faire si l'on voulait rechercher en particulier toutes les diverses manières de plaire; il y a une infinité d'occasions et de circonstances d'où elles dépendent: mais l'honnêteté les fait assurément trouver. On peut dire seulement qu'il ne suffit pas dans de certaines rencontres d'avoir soin de s'éloigner de ce qui peut être désagréable; il faut encore prendre les moyens pour s'insinuer dans l'esprit et le cœur des gens. Il faut entrer dans leur inclination; il faut approuver leurs plaisirs autant qu'on le doit, quoique l'on n'en soit pas touché; il faut enfin deviner et prévenir ce qui les peut obliger.

Ce texte exprime l'un des postulats essentiels de la vie mondaine où la nécessité de s'adapter à autrui est le fondement de la politesse. Certes, on ne saurait le nier, il entre ici une grande part d'hypocrisie et de faux-semblant. L'enjeu est la morale de Philinte contre le rêve d'authenticité d'Alceste. La fin de ce passage trouverait une application exemplaire dans le sonnet d'Oronte. L'honnêteté entraîne forcément une part de prostitution morale et intellectuelle qui implique que la vérité n'est pas toujours bonne à dire surtout lorsqu'elle est désagréable. Dans le jeu mondain la vérité s'édulcore ou se travestit.

L'honnêteté exige une grande dose de discipline. Il faut sans cesse faire un effort sur soi pour se communiquer à autrui avec le maximum d'agrément et d'efficacité. Bref, il faut apprendre à sourire même lorsqu'on n'en a pas envie. "Le propre de l'honnêteté," écrit Jean Pic, "est de nous arracher à notre inclination lorsque nous trouvons des manières qui nous rebutent et de nous en ôter le ressentiment" (p. 202). Etre-caméléon, l'honnête homme sait s'adapter à toutes les circonstances; prêt pour toutes les saisons, son comportement se transforme selon les variations du moment. Et Jean Pic de déclarer: "L'honnêteté ne veut point qu'on ne s'accommode que de ceux dont le tempérament a rapport au nôtre; elle embrasse indifféremment tout le monde" (ibid.). Sa vocation, comme celle de Socrate, est d'être "citoyen du Monde."

L'honnêteté se fonde sur la prémisse que seule l'extériorité compte et présume du fonds; notre moi intérieur et nos motivations réelles sont secondaires aux yeux du monde, comme nous le rappelle Morvan de Bellegarde:

> C'est à tort que ceux qui ne ménagent pas assez le public se plaignent qu'on les censure avec trop de sévérité. On ne juge que selon les apparences. Peut-être que vos intentions sont bonnes, mais ce que l'on voit blesse les yeux. On n'est pas obligé

d'approfondir les secrets motifs qui vous font agir; c'est à vous à prendre si bien vos mesures qu'aucune action ne vous échappe contre laquelle on puisse crier.[14]

La vie mondaine se conforme à une sémiotique où le signe présume toujours du signifié; univers de signifiants, la société polie considère l'homme comme une fonction dans un ensemble. Sa vie individuelle s'efface devant les exigences de la bienséance; son salut réside dans un paraître accompli, et il réussira d'autant mieux qu'il pourra interpréter ce réseau de signifiants. L'étiquette sert d'éthique, la politesse remplissant le rôle d'une morale en même temps qu'elle préside aux échanges sociaux. A condition d'avoir *bon air*, de sauver l'apparence de notre être, la société nous laisse quitte. Il appartiendra à La Rochefoucauld de démasquer cette illusion en révélant ce qui se dissimule derrière ces sourires forcés.

L'honnête homme pratique au plus haut degré l'art du camouflage. Sa vie se passe à cultiver *l'air et les manières*, à tromper autrui sur ses véritables motifs. Il cherche avant tout à projeter une image de lui-même qui soit agréable et convaincante. "La plus grande application d'un honnête homme," déclare Morvan de Bellegarde, "doit être de cacher si bien ses faibles qu'on ne s'en aperçoive pas et que personne n'en souffre."[15] Idéal stoïque si l'on veut, l'honnêteté requiert un contrôle de soi peu commun. La mondanité condamne toute manifestation excessive, que ce soit dans l'ordre des sentiments ou des gestes. Les grandes passions n'ont pas de place dans l'univers de l'honnête homme, ou en tout cas pas leur extériorisation. De Sacy, dans son *Traité de l'amitié* (1703), le note:

<small>Si la nature jette malgré lui quelques mouvements d'indignation, de colère ou de haine dans son cœur, loin de les entretenir, il [l'honnête homme] aura grand soin de les réprimer, et surtout de ne les laisser jamais paraître. (pp. 300-02)</small>

Le mal ici n'est pas moral, mais social, car il vient briser l'harmonie de nos rapports avec autrui. La nature non policée représente une menace pour l'ordre établi. Il ne faut pas se montrer tel qu'on est, mais tel qu'on *doit* paraître. Un certain comportement nous est dicté d'avance qu'on ne peut enfreindre sous peine de nous aliéner ceux-là même que nous cherchons à gagner. La société s'ajoute à la nature ou la restreint pour mieux assurer l'uniformité. Ce qui *sied* l'emporte sur notre moi intime.

D'une manière générale, la conception mondaine de l'honnête homme triomphe à partir de 1670, comme l'indique cette définition du mot *honnête* proposée par le *Dictionnaire de l'Académie*: "Vertueux, conforme à l'honneur et à la vertu. Signifie aussi convenable à la raison bienséant à la condition, à la profession et à l'âge des personnes. Signifie aussi civil, courtois, poli." L'honnêteté finit donc par se confondre avec la bienséance et la politesse, ces termes se renvoyant l'un à l'autre. C'est encore apparent dans cette définition du P. Bouhours: "J'entends par honnêteté une certaine politesse naturelle, qui fait que les honnêtes gens ne gardent pas moins de bienséance dans ce qu'ils disent que dans ce qu'ils font";[16] ainsi que dans ce passage tiré des *Réflexions critiques sur l'usage présent de la langue française* (1693) d'Andry de Boisregard: "*Honnêtes gens*: ce terme n'est pas toujours opposé à *malhonnêtes gens*. Par *honnêtes*, on entend souvent les gens polis, les gens qui sont du monde et qui savent vivre (p. 136)." Il se dégage toutefois vers cette époque, et même avant, une réaction contre la conception exclusivement mondaine de l'honnête homme. L'emploi abusif de ce terme aurait en effet entraîné sa dévalorisation au point de devenir, selon un critique, "une formule lexicale dépourvue de sens réel."[17]

Vers cette époque apparaît ce qu'on pourrait appeler une conception chrétienne de l'honnêteté qui, contrairement à Méré et ses disciples, subordonne les valeurs mondaines aux valeurs morales. Pascal est l'un des premiers en date, encore que ses vues soient moins accusées que ceux qui le suivront. C'est durant sa période mondaine qu'il se serait livré à une réflexion sur les conditions de l'honnêteté, que les *Pensées* traitent de façon plutôt éparse. Ce que Pascal cherche surtout à dégager chez l'honnête homme est le refus de la spécialisation. Il déclare ainsi: "Il faut qu'on en puisse dire, ni 'Il est mathématicien,' ni 'prédicateur,' ni 'éloquent,' mais 'il est honnête homme.' Cette qualité universelle me plaît seule" (Br., 35). L'aspect philosophique intéresse plus Pascal que l'aspect mondain. Pour lui, l'honnêteté répond à une nécessité psychologique et sociale:

L'homme est plein de besoins: il n'aime que ceux qui peuvent les remplir tous. "C'est un bon mathématicien," dira-t-on.–Mais je n'ai que faire des mathématiques;

il me prendrait pour une proposition.—"C'est un bon guerrier."—Il me prendrait pour une place assiégée. Il faut donc être un honnête homme qui puisse s'accommoder à tous les besoins généralement. (Br., 36)

Transcendant toute considération mondaine, Pascal voit dans l'honnêteté une *paideia* qui englobe la complexité et la diversité de l'homme. Ne pouvant embrasser l'ensemble des connaissances, celui-ci devra se contenter d'un savoir limité, mais qui aura du moins l'avantage de ne pas l'aliéner d'autrui. Conscient de la faiblesse et des bornes de notre savoir, Pascal considère l'éclectisme de l'honnête homme non pas comme un défaut, mais comme une qualité:

Puisqu'on ne peut être universel et savoir tout ce qui se peut savoir sur tout, il faut savoir un peu de tout. Car il est bien plus beau de savoir quelque chose de tout que de savoir tout d'une chose; cette universalité est la plus belle. (Br., 37)

Pour la première fois depuis Montaigne peut-être, Pascal met en cause la capacité de l'esprit humain à vouloir saisir l'ensemble des connaissances. Les assises de la raison ayant été secouées, l'homme se tournera vers le sentiment, vers le cœur, pour finalement se tourner vers Dieu. La théorie de l'honnêteté, découverte en grande partie au travers de Méré,[18] n'a pas peu contribué à conduire Pascal à s'interroger sur la nature du savoir humain. Prenant délibérément le parti de l'honnête homme contre le "savant" qui sait tout d'une chose, Pascal a compris les ressources d'une théorie qui apprend à l'homme à communiquer et à vivre avec ses semblables.

Toutefois, à l'encontre de Méré qui voit dans l'honnêteté une fin en soi, Pascal dépasse le cadre d'une morale qui se fonde sur la seule recherche de l'agrément. Pour ce dernier, le monde est un lieu de passage, une vallée de larmes où l'homme vit dans un état de corruption. Dieu seul est capable de le sauver. Aussi voit-il dans l'honnête homme un chrétien en puissance, quelqu'un qui s'est momentanément égaré et qu'il cherche à ramener à Dieu.[19] Le bonheur ici-bas n'est que transitoire; la béatitude éternelle doit être l'unique espoir de l'homme.

Parmi tous les ouvrages que nous avons examinés, celui de l'abbé de Goussault, *Le Portrait d'un honnête homme* (1693), s'impose comme la meilleure tentative pour concilier les exigences de la foi avec celles de l'honnêteté. Il est d'autant plus important qu'il a été complètement ignoré jusqu'ici.[20] Dès la Préface de son ouvrage, l'auteur annonce clairement son intention:

> Quand j'ai entrepris de faire le portrait d'un honnête homme, je n'ai pas prétendu représenter un homme de cour ou de ville qui sous une honnêteté apparente et purement mondaine cache un libertinage véritable et criminel; mais je me suis proposé un homme qui joint la politesse, la civilité, l'esprit, et l'érudition, à la pureté de ses mœurs et à la probité, c'est-à-dire un honnête homme selon Dieu et le monde.
> (p. 2)

On notera d'emblée une différence d'accent radicale entre cette conception et celle de Méré. Il ne suffit plus dorénavant de porter le masque, de se cacher derrière de fausses apparences, de se livrer sans impunité à des vices respectables, mais de faire coïncider notre être intérieur avec notre moi social. Bref, il faut que l'homme du monde soit aussi vertueux, l'harmonie trompeuse du paraître n'étant plus une excuse pour la vacuité du fonds. En ce sens, l'ouvrage de Goussault signale un retour à celui de Faret sauf que le premier insiste davantage sur les qualités mondaines et ne se soucie pas d'édifier une morale du courtisan. Le but de Goussault est d'intégrer la théorie de l'honnêteté dans une perspective chrétienne en accordant le temporel avec le spirituel, ce qui n'est pas sans rappeler la conception jésuite des rapports de l'homme avec le monde. L'homme de bien retrouve le crédit qu'il avait perdu sans devoir pour cela sacrifier ses obligations envers la société.

En un sens, l'idéal proposé par Goussault est plus exigeant que celui de Méré, car il implique une double obligation: envers la société polie et envers Dieu. La réalité mondaine et la foi n'existent plus dans des chambres séparées mais sont au contraire étroitement associées. Plus loin dans la Préface, l'auteur insiste sur l'importance de concilier les impératifs de la vie en société avec les devoirs du chrétien en déclarant que "pour être honnête homme . . . il faut d'une part craindre Dieu, le servir et l'aimer, et de l'autre être bienséant à tout le monde" (p. 3). La bienséance et la dévotion ne sont plus des entités autonomes, mais des conditions complémentaires au sein desquelles se rejoignent l'honnête homme et l'homme de bien.

L'HONNETE HOMME, LE MONDE ET DIEU

Si Goussault dépasse la conception mondaine de Méré par la perspective extra-terrestre qu'il y ajoute, il la rejoint toutefois dans certaines de ses prémisses, comme lorsqu'il affirme que l'homme doit se contenter de ce qu'il est:

> L'ambition d'un honnête homme est bornée par ce qu'il possède. Il ne cherche pas à se nourrir d'une vaine espérance, et ne se flatte pas sans cesse sur les biens que l'avenir lui promet. (p. 279)

Cette attitude fait écho à celle des moralistes chrétiens qui considèrent la poursuite des biens matériels comme une folie de l'esprit humain à côté des récompenses de l'au-delà. Sans tomber dans cette attitude excessive, Goussault accentue l'aspect moral de l'honnête homme et les valeurs traditionnelles:

> Un honnête homme est riche par son travail, par son mérite et par ses bonnes actions, et non par emprunt. Je veux dire qu'il ne fait pas dépendre son honneur du bruit du monde et de la manière dont on parlera de lui. (p. 189)

On retrouve ici quelque chose de la conception de Faret qui voyait dans l'honnêteté le résultat d'un effort lié au mérite personnel. Mais contrairement à Méré, Goussault ne conçoit pas l'assujettissement aux bienséances mondaines comme une condition *sine qua non* de l'honnêteté. Il sait ainsi faire la part des choses:

> Nous nous donnons presque tout le jour au public, à notre famille, à nos amis, il est bien juste que nous prenions quelques moments pour nous donner à nous-mêmes. Quand on s'accoutume à se chercher ainsi, on se trouve avec douceur et avec consolation. (p. 198)

Goussault témoigne d'un besoin d'approfondir et d'élargir la théorie mondaine de l'honnêteté. Il ne s'agit plus simplement d'être poli pour être honnête homme, mais d'adhérer à des valeurs morales, de se conduire en homme de bien.

L'ordre des priorités se trouve dès lors renversé. Si l'homme ne peut se départir de ses obligations envers la société, sa vie ne s'y réduit pas. Le monde n'étant qu'un lieu transitoire, son salut ne réside pas dans le jeu du paraître, mais dans la prise de conscience d'une vérité plus haute et plus permanente:

> Un honnête homme est délicat sur tout ce qui pourrait lui être reproché à l'égard du monde, mais il l'est encore davantage sur ce qui regarde la conscience et la religion. (p. 299)

A l'inverse de Méré, Goussault établit un lien étroit et nécessaire entre la valeur intrinsèque de l'homme et sa pratique des vertus mondaines. Il ne suffit plus de se conformer à la bienséance pour s'achever dans l'honnêteté; il faut encore s'acquitter de ses devoirs de chrétiens:

> Il [l'honnête homme] peut bien vivre sans prétendre aux faveurs de la cour et sans vouloir travailler pour les obtenir, mais il ne peut se tenir indifférent sur les biens ou les maux de l'autre vie, sur son salut, ou sur la condamnation éternelle. (p. 299)

En dernier ressort, le contexte théologique prend le dessus sur le code mondain; le bonheur, éphémère et tout en surface, que l'homme trouve dans l'échange poli est à court terme au regard de la béatitude éternelle. Renonçant aux illusions du paraître, il se doit d'abord à Dieu.

Il n'empêche que l'homme ne peut ignorer les réalités de ce monde; il saura reconnaître leur importance sans pour cela y sacrifier tout son être. La théorie de Goussault constitue peut-être l'une des meilleures illustrations de la parole du Christ selon laquelle il faut rendre à César ce qu'il faut rendre à César, et à Dieu ce qu'il faut rendre à Dieu:

> Lorsqu'on rend à Dieu ce qu'on est obligé de lui rendre, il est aisé de rendre au monde ce qui lui est dû; mais il faut commencer par ce qui est le plus difficile, le reste ne coûte plus rien. (p. 303)

Pour Goussault, le temporel ne s'oppose pas au spirituel, et si l'homme ne doit pas vivre *pour* le monde, cela n'exclut pas qu'il puisse vivre en harmonie *dans* le monde. Contrairement à la pensée janséniste selon laquelle le monde est une source de corruption, Goussault y découvre une possibilité d'accommodement. On peut tout à la fois être honnête homme au sens de Méré et homme de bien, la bienséance n'éclipsant pas *a priori* la vertu:

> Un honnête homme a autant de politesse que de religion, et quand il sert Dieu comme il le doit, il vit doucement et agréablement avec tout le monde, comme l'exige de lui la société civile. (p. 305)

Ce que Goussault propose est un humanisme chrétien qui allie la foi avec les impératifs sociaux; il n'ignore pas le monde, mais s'efforce de l'intégrer, de le récupérer dans une vision qui dépasse ses contours immédiats.

L'HONNETE HOMME, LE MONDE ET DIEU

Ce qui le distingue de tous ses prédécesseurs, c'est le fondement qu'il assigne à l'honnêteté; si pour Faret, l'honnêteté se justifie par le service au Roi, et si pour Méré elle ne vise qu'à promouvoir le maximum d'agrément dans les rapports sociaux, pour Goussault elle prend sa source dans la charité chrétienne:

> La politesse d'un honnête homme est un effet de sa vertu, comme celle d'un mondain est l'effet de son attachement pour le siècle. Ils obligent tous deux de bonne grâce, mais par différents motifs. L'un s'y trouve porté par la charité, et l'autre par vanité.
> (pp. 305-06)

Cette différence d'accent est fondamentale et marque l'originalité de la conception de Goussault. Son chrétien honnête homme sait se mêler au monde et même s'y distinguer. Le P. Bouhours et le P. Rapin, sans oublier l'abbé Godeau, l'un des meilleurs exemples de prélat mondain, sont là pour attester l'accord harmonieux des valeurs mondaines et des vertus chrétiennes. Le chrétien honnête se prête au monde, mais ne s'y donne pas; il est capable de faire la part des choses et ne perd jamais de vue son salut. L'honnête homme de Goussault s'oppose donc au libertin:

> Un honnête homme n'a pas toujours plus de lumière qu'un libertin sur le fait de la religion, mais l'un vit selon les lumières qu'il en a, et l'autre n'y vit pas. L'un suit les maximes de cette religion et règle ses mœurs sur ces maximes, l'autre se contente de les connaître et en demeure là. (pp. 306-07)

La contribution de Goussault à la théorie de l'honnêteté est importante même si elle a été négligée jusqu'ici. Elle constitue la meilleure tentative pour accorder une vision chrétienne avec les impératifs de la bienséance. Cette "christianisation" de l'honnêteté représente à la fois un besoin d'approfondissement et d'élargissement. Dans l'historique du concept, l'effort de Goussault ne saurait passer inaperçu.

Signalons que Goussault n'est pas le seul à son époque à insister sur la foi et la vertu comme conditions de l'honnêteté. Il est toutefois le seul à en avoir poussé si loin la théorie. Les autres ouvrages constituent plutôt des traités de morale chrétienne qu'alourdit le souci constant d'édification. Parmi ces derniers, il faut citer *Le Caractère de l'honnête homme* (1688) de l'abbé Gerard, où l'auteur se propose de discuter "les vertus morales et chrétiennes qui font le caractère de l'honnête homme et du chrétien" (p. 12); les *Instructions pour un jeune seigneur ou l'idée d'un galant homme* (1683) de La Chétardie, qui déclare: "Après Dieu rien ne doit être si cher à un honnête homme que son honneur" (p. 2). Tous ces ouvrages témoignent d'un désir de revaloriser l'honnêteté en la dissociant d'un contexte exclusivement mondain.

Comme nous l'avons déjà noté, la conception mondaine de l'honnêteté s'était dépréciée par un galvaudage langagier. Dans ses *Réflexions sur les défauts d'autrui* (1695), Pierre de Villiers se plaint que "la qualité d'honnête homme est le titre que tout le monde donne à ses amis, dès qu'on fréquente quelqu'un, dès qu'on est en commerce avec lui, dès qu'on en a reçu du bien, il n'en faut pas davantage" (p. 166). L'application quasi indifférenciée de ce terme serait donc l'une des causes de son déclin. Son contenu sémantique s'affaiblit pour devenir une expression sans connotation précise, une vague formule de politesse. Aussi Pierre de Villiers n'hésite-t-il pas à écrire qu'"un des plus grands maux qui soient dans le monde est la facilité avec laquelle on donne la qualité d'honnête homme. On ne la refuse presqu'à personne" (p. 166). Cela expliquerait peut-être le désir de certains écrivains de revenir à une conception plus morale de l'honnête homme. Il est significatif que Saint-Simon n'accorde pas aux valeurs mondaines une importance cardinale pour justifier l'appellation honnête homme; à ses yeux, être honnête homme signifie tout bonnement être honnête dans l'acceptation originelle du terme.[21]

Si l'on analyse la théorie de l'honnêteté entre 1660 et la fin du siècle, on constate que celle-ci atteint un point culminant au début de 1680, après quoi elle amorce un fléchissement. A quoi attribuer ceci? Il est tout d'abord évident, comme l'a montré Paul Hazard, que la France subit entre 1680 et 1715 "une crise de la conscience européenne" qui met en question certaines des prémisses du classicisme. La société close de Louis XIV, dont le repliement s'accentue durant les dernières années du règne, se fissure sous l'assaut de forces et d'influences extérieures. Des penseurs tels que Fontenelle et Bayle annoncent des temps nouveaux même si les structures politiques et sociales restent en place. L'Angleterre et la Hollande deviennent des centres intellectuels où se fomentent les idées nouvelles. Passant d'une société axée sur la stabilité à une société dominée par le mouvement et l'idée du progrès, l'idéal humain qui l'accompagne s'en trouve du même coup affecté. L'honnête homme, vivant loin des conflits idéologiques et sociaux, ne songe qu'à se communiquer de *bon air*. Il n'a cure de changer le monde qui, il faut bien le reconnaître, le protège et le rassure sur ce qu'il est. Sa morale, empreinte de tempérance et hostile aux extrêmes, vise le statu quo. L'originalité et l'esprit de réforme lui sont immédiatement suspectes. Sa prémisse de départ est qu'il faut s'accommoder aux autres et au monde; l'idée même du changement lui est antithétique car sa pensée accepte le principe de la séparation des classes et de l'injustice sociale. Puisqu'on ne peut changer les choses, il faut en prendre son parti et opter pour une vie sans illusions. Si notre moi nous gêne, pourquoi ne pas le camoufler par des dehors engageants? Ne pouvant nous tromper nous-mêmes, essayons au moins de tromper autrui et de présenter un visage heureux.

Mais cet idéal ne pourra longtemps durer. Un nouveau modèle d'humanité, plus ouvert au monde extérieur, à la politique, aux sciences, émerge: le *philosophe*. Contrairement à l'honnête homme, qui se tait, ce dernier interroge le monde et lui demande ses comptes. L'inéquité sociale, dénoncée à demi-mots polis par La Bruyère, sera prise en charge par des penseurs tels que Voltaire. Le temps n'est plus où l'homme peut se cacher l'injustice en débitant des petits riens dans un salon. Le *philosophe* est un homme d'action qui veut transformer le monde et le rendre meilleur. Il ne s'agit plus de plaire au monde, mais de le refaire.

III

L'ART DE PLAIRE ET LE JE-NE-SAIS-QUOI

> Le plus difficile est de se connaître à ce qui doit plaire
> et d'avoir du génie à le pratiquer. Méré, *OC*, I, 72

Il est difficile, sinon impossible, d'étudier la théorie de l'honnêteté sans se pencher sur celle de l'agrément qui en constitue un des principes essentiels et la principale fin. Outre qu'elle occupe une place prédominante dans la conception mondaine de l'honnêteté, et chez Méré en particulier, elle imprègne tout le courant de la pensée classique à partir des années 1660. S'affranchissant progressivement de l'influence des anciens et des "doctes," les écrivains de la seconde moitié du 17e siècle cherchent plus à plaire qu'à suivre les préceptes d'Aristote. La théorie mondaine de l'honnêteté, qui trouve son apogée vers 1680, participe et contribue à la fois à ce climat, marqué par une plus grande liberté artistique et littéraire. Moins intimidé devant une tradition dogmatique et souvent sclérosante, l'écrivain classique est plus enclin à se renouveler et à tenter des voies nouvelles. Dans la querelle opposant les anciens aux modernes, c'est aux derniers que vont les sympathies du public des "honnêtes gens."

On aurait néanmoins tort de tomber dans ce schématisme facile qui consiste à scinder le 17e siècle en deux blocs homogènes, l'un dominé par les "règles," l'autre par l'art de plaire. La réalité est infiniment plus complexe. Certes, il est vrai, comme l'a fort bien montré René Bray, que la première moitié du 17e siècle est surtout une période de formation doctrinale. Cette époque a jeté les fondements du classicisme, en particulier dans le domaine dramaturgique. Pourtant, malgré l'accent porté sur l'observation scrupuleuse, parfois fétichiste, du corpus aristotélicien, le début du siècle n'est pas insensible ni ignorant des exigences de l'art de plaire. Vauquelin de la Fresnaye, dans son *Art poétique* (1605), déclarait déjà: "C'est le but, c'est la fin des vers de resiouïr: / Les Muses autrement ne les veulent ouïr."[1] Et Corneille, dans la Préface de *La Suivante*, écrivait que "puisque nous faisons des poèmes pour être représentés, notre premier but doit être de plaire à la Cour et au peuple." Toute la Querelle du *Cid* ne tourne-t-elle pas autour du point de savoir s'il est plus important d'être "régulier" ou de créer l'émotion poétique en dépit de certaines dérogations aux préceptes des anciens?

D'un autre côté, on se tromperait en croyant que les questions doctrinales ne sont plus à l'ordre du jour durant la seconde moitié du 17e siècle. Les traités sur le poème épique des PP. Le Bossu et Le Moyne montrent que les théoriciens n'ont pas encore perdu leur haleine. Dans le *Traité du Poème Epique* (1677), à la page 316, Le Bossu professe que "l'utile est une propriété essentielle à la narration épique" et que "l'agréable n'en est qu'une qualité." Ces derniers ne sont toutefois pas des novateurs, car ils se contentent la plupart du temps de développer des thèses déjà bien ancrées. En fait, la "doctrine classique" est pleinement constituée autour de 1650. Nul ne songe de propos délibéré à enfreindre la vraisemblance ou les bienséances. *L'Art poétique* de Boileau, de son côté, n'ajoute rien à l'édifice doctrinal; il s'agit plutôt d'une mise au point, d'une cristallisation. On ne peut donc, sous peine de tomber dans un schématisme paresseux, accoler au 17e siècle des étiquettes toutes faites. Un siècle rationaliste? Et Pascal, et La Rochefoucauld? Tout s'y mêle, ce qui en fait l'inépuisable richesse et la fascinante complexité. Et ne voyons-nous pas, à la fin du siècle, Mme Dacier et Houdar de La Motte, tenants d'une tradition et d'un esprit rigoureusement opposés, s'échauffer encore sur les mérites d'Homère? Cette autre "querelle" prouve à la fois la vitalité et la vaste panoplie d'intérêts d'un siècle qui échappe à toute définition réductrice.

Il faut néanmoins reconnaître que malgré cette pluralité de courants et d'idéologies, la seconde moitié du 17e siècle fut dominée par le souci de plaire. Il suffit d'interroger les "grands" écrivains de cette époque pour s'en convaincre. Que l'on se rappelle la fameuse phrase de La Préface des *Fables* de La Fontaine: "On ne connaît en France que ce qui plaît; c'est la grande règle, et pour ainsi dire la seule." Racine, dans la Préface de *Bérénice*, Molière, dans *L'Ecole des femmes* (sc. 5), Boileau, dans *L'Art poétique* (I, 103), expriment la même idée. Les années 1660 marquent en effet l'apparition d'une génération qui, au contact de la vie mondaine et des théories de l'honnêteté, accorde une importance croissante à l'art de plaire qui supplante progressivement l'autorité des "doctes."[2] Notons que c'est moins le contenu doctrinal de cette tradition qui est mis en question que l'*esprit* qui l'anime. L'honnête homme refuse de s'inféoder à un système, de se soumettre à des préceptes rigides qui lui paraissent souvent dépassés. Il ne croit qu'en la sûreté de son goût. Son jugement se veut éclairé par la seule raison et le bon sens. C'est le refus du principe d'autorité qui le caractérise, les valeurs objectives—les "règles"—cédant le pas aux valeurs subjectives où l'agrément occupe une place de choix.

Si les classiques se sont penchés avec intérêt et parfois avec enthousiasme sur la nature et les conditions de l'agrément, ils ne sont nullement les premiers. Ils ne font en réalité que prolonger et approfondir un débat qui remonte à l'antiquité grecque. Ils lui donneront toutefois un tour nouveau qui répond à des préoccupations plus urgentes touchant à l'écriture et à son public.

Le concept d'agrément ou de grâce, ces deux termes étant souvent pris l'un pour l'autre, figure déjà chez les Grecs sous la forme χάεις. On trouve un exemple de l'emploi de ce mot chez Denys d'Halicarnasse lorsqu'il discute les qualités du style de Lysias.[3] Chez les Latins, il s'identifie avec *Venustas*, que l'étymologie fait remonter à Vénus, la déesse de l'amour; contrairement à *Pulcher*, qui désigne d'habitude la beauté formelle et symétrique, *Venustas*, dénote une beauté où l'élément subjectif et personnel domine, et se trouve dès lors souvent associé avec le charme féminin.[4] Notons que *Venustas* se situe dans le même champ sémantique que *Gratia*, dont dérive *grâce* en français.[5]

En France, au 17ᵉ siècle, le terme *grâce* ne sera accepté dans l'usage courant qu'assez tard et non sans quelque réticence. Vaugelas le condamne, bien qu'il reconnaise qu'il y ait "certaines Provinces où l'on s'en sert pour dire qu'une personne a bonne grâce à faire quelque chose."[6] Ménage conteste cette opinion, estimant l'emploi de ce mot "très bon," et il insiste sur le fait que "tous nos bons auteurs s'en sont servis, et en prose et en vers."[7] Richelet, dans son *Dictionnaire* (1680), note que "quoique ce mot ne soit fort bon dans le commerce ordinaire de la langue, il a bonne grâce en parlant de la peinture." Le *Dictionnaire de l'Académie* lui donne finalement gain de cause, le définissant comme "ce qui est agréable et possède beaucoup de grâce et d'agrément."

Comme le note plus haut Richelet, c'est surtout dans la peinture que le mot *grâce* fut utilisé. Déjà les critiques d'art de la Renaissance italienne se préoccupaient de la *grazia*. Vasari aurait été l'un des premiers à formuler une théorie de la grâce s'appliquant au domaine pictural.[8] En France, c'est à Franciscus Junius, historien d'art du début du 17ᵉ siècle, que revient cet honneur; il déclare, par exemple, que si l'on veut admirer un tableau pour ses proportions et ses couleurs, il n'est rien sans cette grâce qui est comme l'âme de la peinture.[9]

En fait, les critiques d'art de la fin du 17ᵉ siècle, de concert avec un grand nombre d'écrivains mondains, se passionneront pour le débat concernant les mérites respectifs de la grâce et de la beauté. Roger de Piles, dans son *Abrégé de la vie des peintres* (1669), déclare que "les tableaux du peintre ne peuvent être parfaits si la beauté qui s'y trouve n'est accompagnée de la grâce" (p. 10). Comme le génie, la grâce échappe à toute définition et ne se plie à aucun jugement discursif. Elle est un don, une inspiration qui nous enveloppe à notre insu:

Un peintre ne la tient que de la nature, il ne sait même pas si elle est en lui, ni à quel degré il la possède, ni comment il la communique à ses ouvrages; elle surprend le spectateur qui en sent l'effet sans en pénétrer la véritable cause. (p. 11)

Le spectateur d'une œuvre d'art se voit alors réduit à en admirer l'effet sans pouvoir en déterminer la cause profonde. La grâce touche sans révéler ses raisons; elle est un sentiment incontrôlable et incontrôlé qui nous mène malgré nous comme une force mystérieuse. Agissant de façon immédiate et instantanée, elle se situe en dehors de toute démarche rationnelle. Pour Roger de Piles, "elle est ce qui plaît et ce qui gagne le cœur sans passer par l'esprit" (p. 11). Ces caractéristiques aident à différencier la grâce de la beauté qui se présentent comme deux catégories distinctes, tant par leur nature que par leurs modalités. Ainsi, selon l'auteur, "la beauté ne plaît que par les règles, et la grâce plaît sans les règles. Ce qui est beau n'est pas toujours gracieux, et ce qui est gracieux n'est pas toujours beau" (p. 11). Ce passage souligne les rapports éminemment complexes entre l'inspiration créatrice de l'artiste et les exigences d'un travail méthodique et délibéré. Signalons en passant que les critiques d'art sont loin d'être les seuls à s'être intéressés à ce problème. Dans un texte qui présente des affinités très nettes avec le précédent, le P. Rapin, à propos des différences entre Thucydide et Tite-Live, observe que "tout ce qui a de la beauté n'est pas pour cela de la grâce ... La grâce vient ordinairement du génie et du naturel, et la beauté ne vient souvent que de l'art; l'un est un don du Ciel, et l'autre n'est qu'un don de l'étude."[10] La beauté se confond avec une recherche d'ordre surtout formel, mettant l'accent sur les effets extérieurs qui résultent d'un effort de symétrie. La grâce, au contraire, est moins apprêtée, moins structurée.

Si les considérations de Roger de Piles manquent parfois d'ampleur, nous trouvons une approche plus analytique dans l'ouvrage d'André Félibien, *Les Entretiens sur les vies et les ouvrages des plus excellents peintres anciens et modernes* (1666). Les vues de ce critique d'art témoignent d'un réel effort théorique pour préciser une question complexe. Certains des esthéticiens modernes ne feront que reprendre et développer sa position. Ce passage nous paraît dès lors capital:

La beauté naît de la proportion et de la symétrie qui se rencontre entre les parties corporelles et matérielles. Et la grâce s'engendre de l'uniformité des mouvements intérieurs causés par les affections et les sentiments de l'âme. Ainsi quand il n'y a qu'une symétrie des parties corporelles les unes avec les autres, la beauté qui en résulte est une beauté sans grâce. (p. 31)

Dans cette perspective, la beauté se fonde sur des critères extérieurs: équilibre des parties "corporelles et matérielles," juste proportion d'éléments visibles et ordonnés selon un plan préconçu. La beauté paraît comme un tout cohérent qui s'impose d'une façon contraignante et se perçoit sans difficulté; dénuée de mystère, elle est toute en surface, en extériorité. Son principe est l'évidence matérielle d'un projet conscient où l'informulé est exclu au profit de la règle. Elle se révèle sans mystère, son but étant de communiquer l'admiration et l'éclat. La grâce, par contre, est moins visible, moins apparente, car elle cherche surtout à plaire par des voies détournées. Alors que la beauté se caractérise par son objectivité, la grâce ne se dévoile que dans un rapport subjectif et au terme d'une recherche. Hostile à l'aveuglante clarté, elle choisit de préférence les lieux écartés. Elle ne saurait alors être réduite à ses attributs extérieurs, à son paraître, car elle est moins le produit d'un effort concerté que d'un élan spontané. A l'inverse de la beauté, qui est statique et impersonnelle, la grâce résulte d'un "mouvement intérieur," d'un "sentiment de l'âme," ce qui lui confère son caractère irréductible et indéfinissable. Ce qui la distingue de la beauté, c'est son irrationalité, son absence de contours précis; elle ne se révèle que dans le dynamisme d'un geste, d'une expression souvent inconsciente, car elle est rarement apprêtée, laissant place à l'impondérable et à la fantaisie. Félibien le note avec beaucoup de perspicacité:

Pour vous faire voir que la grâce est un mouvement de l'âme, c'est qu'en voyant une belle personne on juge de sa beauté par le juste rapport qu'il y a entre toutes les parties de son corps; mais on ne juge point de sa grâce si elle ne parle, ne rit ou ne fait quelque mouvement. (p. 32)

Ce texte ne fait en réalité qu'illustrer et concrétiser le précédent. La beauté est statique et se perçoit dans un rapport de symétrie où chaque partie constitutive est rigoureusement en place. C'est par sa régularité qu'elle se définit et se manifeste. La beauté est abstraite, idéale, et tend à l'universalité; elle est un modèle à achever, un peu à la manière d'une idée platonicienne. La grâce, en revanche, ne se dévoile que dans une situation individuelle, particulière. Alors que la beauté veut s'arracher à l'effort destructeur du spatio-temporel, la grâce est indissolublement liée au *hic et nunc*. Sa présence se découvre dans l'instant de sa perception, dans un geste, un sourire, un je-ne-sais-quoi. C'est pourquoi, comme l'ont affirmé plusieurs critiques, sa caractéristique essentielle est le mouvement.[11]

Si la distinction beauté-grâce a fortement intéressé la critique d'art, où elle semble bien avoir pris naissance, elle n'a pas laissé la littérature indifférente. L'essor de la vie mondaine, l'intérêt porté à la psychologie amoureuse, l'influence progressive de la femme dans les salons, autant de facteurs qui ont contribué à amorcer et à entretenir le débat. La femme et les multiples discussions auxquelles se prêtent ses attributs en sont assurément le point de cristallisation. On passait des qualités d'un tableau à celles d'une personne, d'un poème ou d'un roman. Ainsi, Méré trouve opportun de débuter son *Discours des Agréments* par cette flatterie qu'il adresse à une destinataire anonyme: "On ne saurait commencer plus à propos à parler des agréments qu'après vous avoir examinée" (*OC*, II, 10).

A côté de son rôle dans l'histoire du concept d'honnêteté, Méré occupe une place de choix dans l'esthétique de l'art de plaire. Ces deux domaines sont intimement liés chez lui, car, écrit-il, "il ne faut avoir pour principal but que de plaire aux plus honnêtes gens."[12] Nul ne s'est autant appliqué à essayer de préciser la nature, les modalités et les conditions de l'art de plaire; c'est au point où un critique n'a pas hésité à l'appeler le "docteur des agréments."[13]

Cette réputation, Méré en jouissait déjà auprès de certains de ses contemporains. Pascal, dans son opuscule sur *L'Art de persuader*, composé vers 1658, quelques années après sa première rencontre avec Méré lors du voyage en Poitou, lui rend un hommage qu'on ne peut passer sous silence. Il note qu'il existe deux manières de gagner l'esprit humain: convaincre et agréer. Il ne se propose toutefois que de traiter la première. S'il est d'accord pour reconnaître que la seconde est "sans comparaison plus difficile, plus utile et plus admirable," il ne se sent pas capable d'en discuter les principes. "Je m'y sens tellement disproportionné," avoue-t-il, "que je crois la chose absolument impossible," précisant que cette extrême difficulté provient de ce que "les principes du plaisir ne sont pas fermes ni stables." Et il continue de la sorte: "Au moins je sais que si quelqu'un en est capable, ce sont des personnes que je connais et qu'aucun autre n'a sur cela de si claires et abondantes lumières" (Br., IX, 276). Bien qu'il ne figure pas nommément dans ce passage, l'on s'accorde généralement pour identifier cet "aucun autre" avec Méré.[14] Cette supposition, que les faits tendent à corroborer,[15] renforce l'opinion que Méré est sans doute l'écrivain de son temps qui s'est le plus consacré à définir l'agrément.

Les réflexions de Méré sur l'art de plaire se retrouvent tout au long de son œuvre, encore que la majeure partie se trouve dans son *Discours des Agréments*. Un extrait de sa correspondance servira à amorcer la discussion:

Les beautés et les grâces ne sont qu'une même chose qui paraît diversement et sous différents noms. Si cette aimable qualité se montre avec beaucoup d'éclat et qu'elle est fort visible, on l'appelle beauté: quand elle est un peu sombre et qu'on ne la découvre qu'avec peine, on lui donne le nom de grâce et d'agrément.[16]

La manière d'envisager le problème est plutôt nouvelle. Contrairement à l'opinion commune qui voit en la grâce et la beauté deux entités distinctes, Méré les conçoit comme deux aspects d'une même réalité. Ce n'est pas le contenu qui diffère, mais les modalités d'expression. Cette différence porte dès lors sur le degré de visibilité de l'objet et non sur sa nature, la beauté se distinguant de la grâce par l'intensité de son éclat. Un problème surgit immédiatement à l'esprit: où se situe la ligne de démarcation, quels critères utiliser pour séparer ces deux notions? Les limites qui leur sont assignées restent floues et leur tracé imprécis, le critère de visibilité étant difficile à préciser.

Méré est du reste pleinement conscient de ce problème: "S'il était question," dit-il, "de deux belles femmes qui plaisent, laquelle serait la plus agréable, et même laquelle serait la plus belle, on aurait bien de la peine à le décider, ou pour le moins, à le faire connaître si clairement que tout le monde en demeure d'accord" (*OC*, I, 60). La difficulté réside dans le passage de l'expérience proprement dite à sa formulation explicite et rationnelle. Le domaine appréhendé ne se prête pas à des catégories toutes faites et à la compartimentalisation. De surcroît, la grâce, contrairement à la beauté qui est plus aisément identifiable puisqu'elle se fonde sur des attributs extérieurs, ne peut se réduire à un objet précis. Elle relève de l'implicite, de l'irrationnel, de l'inexprimable. La théorie des rapports entre la grâce et la beauté est donc forcément approximative et ne s'élève guère au-dessus d'une sorte de pragmatisme esthétique. De surcroît, l'accord est rarement unanime en ces matières, la perception du beau et de l'agréable étant un phénomène essentiellement subjectif.

Fréquentant un monde où la femme joue un rôle primordial comme hôtesse de salon et comme arbitre du bon goût, il n'est que trop naturel que Méré la choisisse comme modèle d'agrément et comme prétexte à son discours. Sa beauté, sa grâce constituent le point de départ de maintes discussions. L'extrait qui suit n'en est qu'un exemple parmi tant d'autres:

> Il est donc vrai qu'il y a de ces beautés dont tout le monde s'aperçoit à première vue et qu'il y en a d'autres qui sont comme en retraite et qu'on ne remarque pas si aisément. Si une femme a beaucoup de ces beautés de parade, et qu'elle n'a point de ces autres qui sont peu en vue, on dira qu'elle est belle, mais peu de gens l'aimeront. Que si on lui trouve un grand nombre de ces beautés qui brillent et de ces autres qui se cachent sous un voile, on dira qu'elle est belle et qu'elle plaît.[17]

Les métaphores qui tissent ce texte ont une valeur suggestive et explicative. La beauté, qui paraît de façon immédiate et instantanée, s'oppose à la grâce qui se dérobe et vit comme dans une "retraite." Alors que la première se manifeste par son état, la seconde ne se découvre que sous un "voile." C'est donc leur degré de visibilité, d'extériorisation, qui distingue ces deux concepts. D'autre part, seule la beauté accompagnée de l'agrément est susceptible de plaire. Sans cela elle demeure froide et impersonnelle. La véritable beauté, celle qui joint à ses attributs extérieurs un fond de délicatesse et de grâce, captive et ne lasse jamais. L'être et le paraître s'associent pour former un tout harmonieux qui s'adresse aussi bien au regard qu'au cœur.

La femme idéale selon Méré est celle qui combine un physique attrayant avec des qualités intérieures. La beauté seule ne suffit pas à communiquer l'agrément:

> Je croirais même que celles qui pourraient plaire sans être belles ne devraient pas tant souhaiter de l'être et que la beauté, pour le moins la grande et l'extrême, leur pourrait être inutile et même nuisible, parce qu'elle étouffe et qu'elle accable; au lieu qu'une personne bien faite, bien formée et que les grâces suivent partout est toujours aimable.
>
> (*OC*, II, 38)

Pour Méré la beauté purement extérieure évoque l'idée d'un trop plein, d'une surabondance d'éclat. Or, cet éclat meurtrit et force le regard à se détourner de son objet. Les actants *étouffer* et *accabler* dénotent une chaleur étouffante et irrespirable. Dans la première édition de la *Cinquième Conversation* (1668), Méré déclarait que "la beauté étouffe plus qu'elle ne plaît," phrase qu'il remplace par celle-ci, tout aussi significative, dans l'édition de 1669: "La beauté même, quand elle a tant d'éclat, est au-dessus de nos forces, et nous ne la pouvons soutenir" (*OC*, I, 132). La grâce, inversement, évite l'excès sous toutes ses formes; elle préfère une lumière tamisée, les jeux d'ombre. Aussi s'addresse-t-elle moins à la vue qu'au sentiment:

> Les véritables grâces, celles qui touchent le plus et qu'on aime toujours ne se peuvent malaisément passer de délicatesse, et les grandes choses comme la pompe et la magnificence sont moins faites pour plaire que pour donner de l'admiration. (*OC*, I, 72)

L'agrément ne se manifeste pas avec ostentation, mais par des voies subtiles et souvent détournées. Il ne jette pas des rayons aveuglants, mais cultive le secret. Alors que la grande beauté, celle qui communique l'admiration, immobilise par son éclat, la grâce est toute en nuance et exige un effort d'attention. Elle ne se découvre qu'à un regard exercé et nous fait sans cesse retourner à sa source. Le pouvoir qu'exerce sur nous certaines femmes en constitue un bon exemple:

> En effet, lorsqu'on aime une femme parce qu'elle est belle, cet amour passe quelquefois bien vite: mais quand ce sont de vrais et profonds agréments qui font naître l'affection, on n'en revient pas de la sorte. (*OC*, II, 38)

Les observations de Méré sur l'agrément ne se limitent toutefois pas aux attributs féminins. D'autres domaines sont également visés. Parmi ceux-ci, la conversation mondaine occupe une place particulière. On ne saurait assez insister sur l'importance de l'art de converser dans la société polie et dans la formation de l'honnête homme. Comme nous l'avons signalé, l'honnête homme s'actualise dans "le dire et le faire." La théorie de l'agrément s'applique donc aussi bien aux objets qu'au discours:

> Les beautés d'éclat en fait de paroles sont pour l'ordinaire de fausses beautés qui n'ont que la première vue . . . Je vous conseille pour toutes sortes de beautés de n'aimer que les plus modestes qui semblent se cacher sous un voile.[18]

Une conversation qui ne cherche qu'à éblouir, à l'instar de la beauté trop apparente, n'a souvent qu'un effet transitoire. Au contraire, celle qui joint le naturel à l'agrément a plus de chance de réaliser ses objectifs:

> Pour bien parler, il faut chercher dans le sujet ce qu'on y peut rencontrer de meilleur et de plus agréable, mais il ne faut pas tant s'attacher à donner de l'éclat aux choses qu'on dit qu'à les mettre de la manière qui leur vient le mieux. (*OC*, I, 62)

Méré utilise les mêmes critères dans l'appréciation de la beauté féminine que dans celle du discours ou d'une œuvre littéraire. Pour l'honnête homme, tout converge et débouche sur l'art de plaire. Dans sa quête d'un univers cohérent et équilibré, il n'a de cesse de découvrir cet agrément qui seul pourra le rendre heureux.

Parallèlement à la beauté et à la grâce, Méré distingue les "agréments de rencontre" et ceux "qui vont droit au cœur et sont de toutes les heures" (*OC*, II, 11-12). Parmi les premiers, il inclut en premier lieu le bon air, qualité qui consiste à "être bon acteur," à "bien faire ce qu'on fait" (*OC*, I, 42). C'est le cas d'une personne qui excelle dans un ou plusieurs domaines. Telle Ninon de Lenclos: "Elle a bon air, elle se prend bien à ce qu'elle fait, elle joue bien du luth, elle danse bien."[19] Ces talents ne signifient pas que la personne en elle-même plaise, car ils peuvent exister indépendamment d'elle, étant le résultat d'un don gratuit ou d'un long apprentissage. Le bon air est surtout une qualité extérieure, souvent transitoire. Comme la beauté, il se caractérise par son haut degré de visibilité: "Il se montre d'abord, il est plus régulier, et plus dans l'ordre." L'agrément, au contraire, est "plus flatteur, plus insinuant, il va droit au cœur et par des voies secrètes" (*OC*, I, 42). Le bon air s'apparente au paraître alors que l'agrément procède de façon insidieuse et par voies détournées. "Les causes de l'agrément sont fort cachées," écrit Méré, "mais celles du bon air sont plus sensibles, on les découvre mieux" (*OC*, II, 23). Le bon air se confond avec notre apparence extérieure, notre mine, notre maintien, nos habits, etc. Quoiqu'il ne communique pas l'agrément par lui-même, le bon air y contribue. Méré observe ainsi: "Ne voyons-nous pas que le mérite nous semble de plus grand prix en un beau corps qu'en un corps mal fait?" (*OC*, II, 20). Le corps est ce qui médiatise l'agrément, ce qui lui permet de surgir au monde. Le bon air en devient comme l'expression, la matérialisation. Il ne faut toutefois pas se fier à la première apparence. L'agrément ne se révèle qu'après une longue recherche et exige un œil aguerri. Comme l'observe finement Méré: "Il y a des agréments si subtils, qu'encore que le bon air y soit, il est pourtant difficile de s'en apercevoir, parce qu'on ne les voit pas d'eux-mêmes" (*OC*, II, 19).

Définir l'agrément représente presqu'une gageure, tellement il se prête peu à des formules réductrices. Insaisissable, de nature complexe, il finit par se confondre avec ce fameux je-ne-sais-quoi qui, s'opposant à la raison, représente l'un des pôles de la pensée classique. Ce caractère mobile et fuyant n'a pas échappé à Méré qui note: "Les anciens ont représenté les grâces fort délicates pour faire entendre que ce qui plaît consiste en des choses presqu'imperceptibles comme dans un clin d'œil, dans un sourire, et dans je ne sais quoi qui s'échappe aisément et qu'on ne trouve plus sitôt qu'on le cherche" (*OC*, II, 15). Intangible, irréductible à des éléments objectifs, on ne découvre l'agrément que par ses effets. Une chose n'est agréable que dans la mesure où elle nous touche, nous remue l'âme. D'où la difficulté à décrire, à cerner la nature même de cette expérience. "Les grâces ne paraissent que fort rarement," écrit Méré, "et même lorsqu'on les voit, elles ne veulent pas qu'on les considère à plein ni à découvert: il est malaisé de les peindre" (*OC*, I, 64). Cela n'empêche que, cédant à son goût des développements et des distinctions, Méré s'attache à définir un certain nombre de conditions sans lesquelles il n'y a pas d'agrément.

La première de celles-ci répond à un besoin d'équilibre et de cohésion intérieure. Toutes les parties composantes doivent s'imbriquer afin de former un tout harmonieux. "Il me semble," déclare Méré, "que la cause des vrais agréments consiste en ce que les choses sont dans une grande perfection et faites les unes pour les autres" (*OC*, II, 38). Ce besoin s'enracine chez Méré dans la croyance en un modèle idéal qui existerait à la manière d'une idée platonicienne. L'esthétique classique présuppose en effet l'existence d'essences fixes et impérissables, chaque objet devant tendre vers l'idée de sa perfection.[20] L'agrément n'est jamais complètement réalisé, mais en suspens et ne se livre qu'à demi et après une longue quête. Il se révèle dans un effort constant pour s'achever comme nature parfaite. Comme l'indique Méré: "Plus les parties dont une chose est composée sont comme il faut, plus elle est agréable et non pas plus elles sont belles" (*OC*, II, 37). Le paradigme "comme il faut" suggère que l'agrément doit coïncider avec une représentation idéale qui en réunit toutes les conditions. Le principe sous-jacent est celui d'un ordre parfait où n'existe aucune discordance. Méré, comme la plupart des classiques, voit dans l'équilibre une condition essentielle de l'objet esthétique. Il affirme ainsi qu'"on ne voit rien de beau ni d'agréable à moins que l'ordre n'y soit observé."[21]. Ce présupposé, qui renvoie à un univers formel et clos, se retrouve chez plus d'un écrivain du 17e siècle. François de Callières écrit qu'"on place ordinairement la perfection dans un certain milieu dont on sait que les extrémités sont vicieuses."[22] Dans *La Rhétorique ou l'art de parler* (1678), Bernard Lamy exprime cette opinion: "La beauté plaît, et ce qui est bien ordonné plaît; ce qui me persuade que l'ordre et la beauté font presqu'une même chose" (p. 8). Point de crise ni d'enivrement passionnel dans cet univers où chaque objet a sa place réservée. La beauté est calme, tranquille, sans surprise. Elle est à l'image même de la société dont elle cherche à célébrer le succès et les vertus.

D'où l'impossibilité de séparer la conception que Méré et la plupart de ses contemporains se font de l'agrément sans tenir compte des restrictions que cette société impose. L'art de plaire reflète ce souci de ne jamais dépasser les limites prescrites par la bienséance et le goût dominant. "Les vrais agréments," déclare Méré, "ne veulent rien qui ne soit modéré; tout ce qui passe de certaines bornes les diminue ou même les détruit" (*OC*, II, 15). Pour illustrer son propos, l'auteur cite l'épisode de la Jérusalem délivrée du Tasse où Armide, qui se trouve dans le camp des chrétiens, perd toute contenance après que Renaud l'a quittée. Armide, suggère Méré, aurait eu plus de chance d'émouvoir Renaud par des "soupirs modérés et des larmes douces" que par sa colère" (*OC*, II, 16). Que ce soit dans le domaine des sentiments eux-mêmes ou dans leur expression, la modération est toujours de rigueur.

La bienséance, en agissant comme un principe restrictif, se trouve étroitement liée à la théorie des agréments; Méré déclare ainsi que "pour se rendre agréable, on ne peut trop chercher la bienséance" (*OC*, II, 23). En fait, ces deux notions relèvent des mêmes présupposés esthétiques:

> C'est une étude bien profonde que de chercher la véritable cause des agréments et des bienséances. Il me semble pourtant qu'elle consiste en cela que la chose soit en perfection et comme elle doit l'être, ou du moins qu'elle en approche, et même en toutes les circonstances. Car pour plaire sans réserves et n'y laisser rien à redire, la perfection des circonstances n'est pas moins nécessaire que celle de la chose même.[23]

Pour s'achever, l'objet esthétique doit tendre le plus possible vers son essence tout en se conformant à l'étiquette sociale. Il faut donc que la perfection intrinsèque s'accompagne d'une perfection extrinsèque, la première pouvant difficilement se passer de la seconde. L'agrément présuppose une connaissance de ce qui *sied*, la bienséance ayant pour fonction de servir de guide à l'art de plaire. D'où pour Méré, "il serait à souhaiter pour être toujours agréable d'exceller en tout ce qui sied aux honnêtes gens" (*OC*, II, 45).

Ce conformisme n'affecte pas pour autant la vitalité de l'agrément. Au contraire, l'art de plaire a pour objet de divertir l'homme, de l'arracher à ses préoccupations journalières. L'ennui est le pire ennemi de la vie mondaine; ce qui explique qu'elle soit hostile au pédantisme et à tout ce qui sent le "métier." La diversité et la variété sont des conditions indispensables pour réussir dans la société polie. Rien de plus rebutant que cette "égalité fade et sans goût" dans laquelle tombent ceux qui ne cultivent pas l'art de plaire. Il importe donc que "les grâces soient beaucoup rejouées" (*OC*, II, 16). Sans cela il leur manque ce piquant, ce sel qui fait qu'on ne se lasse jamais d'une chose. En effet, "l'agrément se plaît à surprendre" (ibid.); cette qualité essentielle la différencie de la beauté, qui éblouit plus qu'elle ne touche. "Quoiqu'une chose soit belle et régulière," déclare Méré, "à moins qu'on ne puisse dire qu'elle est agréable, ceux qui ont le goût fin la laissent volontiers après l'avoir louée" (*OC*, II, 36). Parlant de Cléopâtre, Méré écrit que si elle avait "peu d'éclat," elle possédait par contre un esprit si délicat et des manières si raffinées que lorsqu'on la rencontrait "c'était un charme." Elle conservera ainsi longtemps l'amour de César, qui était "comme enchanté," et Marc-Antoine préférera fuir avec elle plutôt que de combattre la flotte d'Auguste" (*OC*, II, 46).

L'analyse de Méré porte surtout sur les effets et les modalités de l'agrément. Ses commentaires concernant ses sources et ses causes sont réduits. Les véritables agréments proviennent "de l'excellence de l'esprit et de la parfaite honnêteté" (*OC*, II, 45). Il note par ailleurs que si l'agrément est une qualité spontanée, elle peut être mise en valeur et se cultive au contact de la société polie. Ainsi: "Les agréments viennent de la nature, mais le monde et l'art les augmentent et les perfectionnent."[24] L'art de plaire exige à la fois des dons d'observations, du discernement, et une pratique assidue de la mondanité. Mais plus que toute autre chose, il ne peut se passer d'une connaissance approfondie du cœur humain.

Présenter la conception que Méré se fait de l'agrément de manière systématique est une tâche difficile, sinon impossible. Le propos de l'auteur n'est pas d'élaborer une esthétique unifiée, mais de nous livrer ses réflexions telles qu'elles lui viennent à l'esprit. Il n'enseigne pas, il converse sans chercher à bâtir une théorie. On peut lui reprocher de ne pas poursuivre ses idées. Aucun gros-plan à l'exception de l'honnêteté ne se détache dans son œuvre. Aussi Méré n'a-t-il pas fait école; la postérité le retiendra surtout comme un penseur fin, subtil, mais manquant de force et d'ampleur. Il n'en est pas moins certain qu'il est l'un de ceux qui a le mieux saisi la complexité et les nuances infinies de l'art de plaire.

Cette complexité et l'aspect insaisissable de l'agrément l'entraîne tout naturellement à se trouver associé avec le "je ne sais quoi."[25] A en juger par les dictionnaires de l'époque, l'expression était devenue courante.[26] Ceci incita peut-être le P. Bouhours, un homme qui aimait être de son temps, à inclure un chapitre entier sur ce thème dans ses *Entretiens d'Ariste et d'Eugène*. Il lui confère par là un statut spécial, non seulement dans l'usage de la langue, mais aussi dans la pensée classique. S'il n'est pas le premier à utiliser l'expression, il est le premier à lui consacrer un long développement.

Substantiver l'expression verbale revient à lui reconnaître une valeur autonome et un rôle distinct par rapport à la raison. C'est aussi ouvrir à la critique un champ diffus, complexe, mais riche par la variété de ses modulations. Le "je ne sais quoi" constitue comme un défi à la raison. Comment parler de ce qui est, par définition, inexprimable? N'est-ce pas une gageure, le plus radical des paradoxes? Le discours ne s'avère-t-il pas impuissant devant l'emprise de l'irrationnel? Si l'on se rend à l'évidence du "je ne sais quoi," on découvre qu'il échappe à toute tentative pour l'emprisonner dans une formule toute faite. Sa qualité première est de nous arracher à nous-mêmes. Souvent il échappe au regard et paraît lorsqu'on s'y attend le moins. Etant un effet du cœur et non de la volonté, il ne peut être saisi qu'à ce niveau.

Le "je ne sais quoi" relève d'une esthétique du sentiment et rejette à l'arrière-plan l'intelligence discursive. Il est le produit d'un choc émotif dont nous ignorons généralement la cause. Le commentaire de Bouhours éclaire admirablement cet aspect:

> Il est bien plus aisé de le sentir que de le connaître. Ce ne serait plus un je ne sais quoi si l'on savait ce que c'est; sa nature est d'être incompréhensible et inexplicable. C'est un très exquis sentiment de l'âme pour un objet qui le touche; une sympathie merveilleuse et comme une parenté des cœurs. [27]

Ce texte souligne le caractère irrationnel et affectif du "je ne sais quoi." Comme le note Bouhours, il s'identifie avec le sentiment, avec cet élan spontané qui nous porte vers une personne ou un objet. Ne se révélant que dans une expérience subjective, il ne saurait être assimilé à un objet de connaissance. Le caractère non-rationnel de cette expérience explique d'autre part que plus on cherche à l'analyser plus on s'en éloigne. Le langage bute devant un domaine qui ne se prête pas au discours logique.

La périphrase "je ne sais quoi" traduit une rencontre instantanée et irréfléchie. Souvent elle nous arrache et nous transporte en dehors de nous-même. Dans le vif de cette expérience, les mots pour en rendre compte font défaut. Comment la raison pourrait-elle parler de ce qui la dépasse? En outre, chacun ne perçoit-il pas ce "je ne sais quoi" de façon différente? Les termes pour exprimer ce sentiment irréductible sont donc forcément approximatifs et analogiques. "Sympathie merveilleuse," "parenté de cœur" n'atteignent que la surface de l'expérience décrite. Sa nature profonde échappe à l'intelligence discursive qui opère de principes clairs et distincts. "Sympathie," en particulier, suggère un mouvement intérieur qui nous pousse comme par instinct vers un objet ou une personne. Nous tombons ici dans le domaine des affinités naturelles et spontanées.

Le "je ne sais quoi" joue pourtant un rôle essentiel en ce qu'il met en valeur les attributs que nous possédons déjà :

> On a beau être bien fait, spirituel, enjoué, et tout ce qu'il vous plaira, si le je ne sais quoi manque, toutes ces qualités sont comme mortes. Elles n'ont rien qui frappe ni qui touche. Le je ne sais quoi raccommode tout. C'est un agrément qui anime la beauté et les autres perfections naturelles. (p. 141)

Le "je ne sais quoi" peut être comparé au sel dont on assaisonne les aliments qui sans cela sont fades. Il est l'inspiration et la source de nos actions les plus vraies: celles qui vont droit au cœur. Le "je ne sais quoi" présente donc les mêmes caractères que l'agrément. Tous deux ne peuvent être appréhendés par la raison et se manifestent à l'improviste. Le "je ne sais quoi" s'éprouve et ne s'intellectualise pas. N'exigeant aucune opération aprioristique, il se révèle sans détours. Dès qu'il agit, nos sens s'éveillent. Une beauté trop symétrique nous laisse froid, mais non le "je ne sais quoi" dont la présence est comme envahissante :

> C'est un charme et un air qui se mêle à toutes les actions et à toutes les paroles, qui entre dans le marcher, dans le rire, dans le ton de la voix et jusque dans le moindre geste de la personne qui plaît. (p. 142)

L'emploi de l'article indéfini souligne l'aspect vague et imprécis du "je ne sais quoi." Son essence est rebelle à toute tentative de définition, car son expérience est à la fois unique et intraduisible.

Le "je ne sais quoi" relève exclusivement du domaine subjectif et ne saurait s'exprimer en termes quantitatifs. Il s'apparente plus à l'esprit de finesse qu'à l'esprit de géométrie, ses principes étant flous et intangibles. Pour s'y donner, il faut faire abstraction de toute logique et mettre la raison en sourdine. C'est par le sentiment qu'on l'aborde, non par les catégories discursives. Son pouvoir ne s'épuise jamais et illumine tout notre être :

> Cet agrément, ce charme, cet air ressemble à la lumière qui embellit toute la nature et qui se fait voir à tout le monde, sans que nous sachions ce que c'est. (p. 142)

Le "je ne sais quoi" a ceci de particulier que ses causes profondes nous échappent sans cesse. Arrivera-t-on jamais à expliquer le charme de Cléopâtre? Ce charme, on le vit, on y succombe, mais on ne le dissèque pas. Le "je ne sais quoi" représente l'antipode de la démarche logique dont il ne cesse de défier les présupposés. L'intelligence spéculative courbe la tête devant le sentiment. L'intuition, qui va droit à son objet, prend la relève sur la raison raisonnante. La méthode cartésienne s'ébranle.

Le "je ne sais quoi" proclame l'incapacité de l'entendement à vouloir tout saisir et tout comprendre. Un mystère se dresse qui résiste à l'analyse et aux formulations réductrices. Le discours exprimant cette expérience unique est lui-même vague et approximatif. Le "je ne sais quoi" est par conséquent un concept ouvert, extensible à l'infini et hostile à toute systématisation. Comme l'amour, il se vit mais ne s'explique pas. A une question d'Eugène lui demandant si l'on peut aimer une personne et ignorer ce qui la rend aimable, Ariste répond: "Oui, et c'est en cela que consiste le mystère du je ne sais quoi. La nature aussi bien que l'art a soin de cacher la cause des mouvements extraordinaires" (p. 142). Le trait dominant du "je ne sais quoi" est qu'on le découvre par ses effets alors qu'on en ignore toujours la source. Son paradoxe est d'être d'autant plus efficace qu'il est dissimulé. Lui dérober son secret en l'exposant au regard de tous, c'est le rendre inopérant. Comme écrit Bouhours: "Son prix et son avantage consistent à être cachés" (p. 144).

Toute analyse du "je ne sais quoi" bute nécessairement devant des problèmes insurmontables qui tiennent à sa nature même. Défiant sans cesse la raison, il signale l'incapacité de celle-ci à définir clairement son objet.[28] Irréductible à des principes entiers et distincts, il s'apparente plus à l'intuition bergsonienne qu'à la démarche cartésienne. En opposition à toute esthétique formalisée, il affirme implicitement l'impossibilité d'en élaborer une. Se fondant sur une réaction affective en face d'un objet esthétique, il garde indéfiniment son secret.

Les nombreuses allusions à l'agrément confirment que le "je ne sais quoi" est inséparable de l'art de plaire. En fait, l'agrément *est* le "je ne sais quoi." Méré l'affirme sans équivoque:

> Ce que j'aime le mieux, et qu'on doit selon mon sens le plus souhaiter en tout ce qu'on fait pour plaire, c'est ce je ne sais quoi qui se sent bien, mais qu'on ne s'explique pas si aisément. (*OC*, II, 12)

Agrément, grâce, "je ne sais quoi," autant de notions qui renvoient l'une à l'autre. Interchangeables, elles relèvent toutes d'une esthétique du sentiment. Cette esthétique postule que son objet est saisi directement en dehors de la démarche déductive. Se fondant sur l'expérience brute du sujet, elle est fondamentalement impressioniste. Elle finit même par déboucher sur une sorte de solipsisme dans la mesure où cette expérience n'arrive pas à se constituer en dehors de sa source. Défi permanent à la raison, le "je ne sais quoi" célèbre le primat de l'instinct sur les catégories limitatives imposées par le discours. Ne se découvrant que dans l'instant où il se manifeste, il ne peut être repris ni mesuré. Il est par conséquent non quantitatif. Comme le remarque Bouhours, "le je ne sais quoi est de la nature de ces choses qu'on ne connaît que par les effets qu'elles produisent" (p. 143). Chaque expérience possédant un caractère unique et personnel, le "je ne sais quoi" ne saurait être circonscrit ni arrêté dans son élan. Il restera toujours un appel et une interrogation.

Fontenelle, dans ses *Réflexions sur la poétique*, en vient à poser la question suivante: "Mais qu'est-ce que cet art de plaire?" Sa réponse signale à quel point il est difficile d'y apporter une réponse satisfaisante: "Il ne se définit point; on l'attrape par hasard, on n'est pas sûr de le rencontrer deux fois; enfin, c'est une espèce de magie tout à fait inconnue."[29] Fontenelle n'est pas le seul à souligner l'aspect mobile et contingent de l'agrément. Marmet de Valcroissant écrit que "plaire n'étant qu'une chose accidentelle, il n'est par conséquent qu'un pur bonheur." Il s'empresse toutefois d'ajouter qu'il s'agit "d'un bonheur si nécessaire aux hommes que de toutes les choses à souhaiter pour passer agréablement la vie, il n'y en a point qui le soit davantage."[30] A lire tous les textes cités dans ce chapitre, on découvre que l'art de plaire prend parfois un caractère obsessionnel. Il constitue un leitmotiv de la société polie et une préoccupation majeure de la plupart des grands écrivains. On l'oublie parfois, le public des écrivains est le même qui fréquente les salons où souvent leurs œuvres sont lues et passées de main en main. Tant pour les auteurs que pour les critiques, il importe avant tout de plaire aux "honnêtes gens."

La grande question, il va sans dire, est de savoir comment plaire. Ce n'est pas pour rien qu'on parle à son propos d'"art." Les qualités qu'il exige sont trop nombreuses pour les passer toutes en revue, et d'ailleurs certaines ont déjà été mentionnées. Outre les attributs qui accompagnent ordinairement une haute naissance, il faut encore beaucoup de perspicacité, le sens des bienséances, et une connaissance approfondie du cœur humain. Dans une certaine mesure il est aussi une ascèse au sens où il faut apprendre à se contraindre sans contraindre autrui. L'art de plaire ne se pratique pas en vase clos; il est soumis à un code d'étiquette qui agit comme un paramètre, un étalon. Ainsi, il est difficilement concevable, bien que cela soit possible, de plaire en dérogeant à la bienséance.

Pour exceller dans l'art de plaire, il est indispensable d'avoir du discernement, de saisir avec finesse les multiples aspects d'une situation. Bref, il faut être psychologue. "On a trouvé le secret de plaire," écrit Morvan de Bellegarde, "quand on sait entrer dans le génie des gens que l'on pratique." Ce postulat se fonde sur une donnée pratique. "On aime naturellement voir ses inclinations et ses goûts approuvés des autres; et l'on ne peut s'empêcher d'avoir quelque complaisance pour ceux qui se conforment à nos manières."[31] Le "secret" de l'art de plaire consiste alors à s'accommoder à la personnalité et aux tendances d'autrui. N'est-ce pas là l'essence de la vie mondaine? L'art de plaire ne peut à ce moment se passer d'un certain conformisme, d'un acquiescement poli devant des mœurs et des manières différentes des nôtres. Comme l'écrit encore Morvan de Bellegarde: "Pour plaire, il faut s'attacher à connaître les différents devoirs que l'on est obligé de rendre à toutes sortes de personnes selon leurs différents caractères, car il n'est pas de la bienséance de traiter également tout le monde."[32] Au respect de la bienséance s'ajoute la nécessité d'observer dans la poursuite de l'agrément une attitude modérée. Ce souci de la mesure est essentiel dans les échanges mondains qui se fondent sur des rapports de réciprocité. L'excès est condamné sous toutes ses formes comme un élément perturbateur et discordant. Leitmotiv par excellence de la pensée classique, qui prône l'équilibre et la mesure, Morvan de Bellegarde interprète fort bien cette tendance lorsqu'il écrit que "le grand art de plaire consiste à trouver le milieu entre le trop et le trop peu."[33]

Au 17e siècle, il est difficile de séparer l'esthétique du social. La notion d'agrément n'échappe pas à cette règle. Elle concerne aussi bien le comportement de l'honnête homme dans un salon que la manière dont il juge une œuvre. Les principes de l'art de plaire déterminent à la fois une ambition sociale et un *telos* littéraire. Surtout à partir de la seconde moitié du siècle, l'agrément que communique une œuvre deviendra progressivement l'un de ses principaux critères. Mais pour en saisir toute la portée, il est indispensable de situer ses implications par rapport au courant qui le précède, la critique dogmatique. Faisant le trait d'union entre la théorie de l'honnêteté et l'esthétique littéraire qu'elle met en jeu, il sera alors possible de mesurer pleinement la contribution de la première à la seconde.

IV

L'HONNÊTE HOMME ET LES SAVANTS:
CRITIQUE MONDAINE ET CRITIQUE DOGMATIQUE

> Et nous, qui travaillons pour plaire au public, nous n'avons plus que faire de demander aux savants si nous travaillons selon les règles.
> Racine, Epître dédicatoire à *Andromaque*

> Il y a deux sortes d'études: chercher l'art des maîtres, et chercher ce qui sied bien.
> Méré, *Propos*

La mise en relief des caractères fondamentaux de la critique mondaine, principal objectif de ce chapitre, impose au préalable une incursion dans le domaine de la critique dogmatique ou érudite. Chapelain occupe ici une place capitale et nous aidera à mieux situer une critique par rapport à l'autre.

On sait la position privilégiée dont jouissait Chapelain à son époque. Porte-parole des ambitions littéraires de Richelieu, qui le chargea de rédiger les *Sentiments de l'Académie sur le Cid*, document critique autant qu'officiel, il se verra encore confier par Colbert la responsabilité de dresser la liste royale des écrivains à pensionner. A cette autorité issue du pouvoir établi s'ajoute son indéniable prestige de théoricien. S'il y eut jamais un "législateur du Parnasse" au 17e siècle, ce fut assurément lui et non pas Boileau, qui reprend plus qu'il n'innove. Même si on les lit peu de nos jours, la préface de l'*Adonis* du chevalier Marin, publiée en 1623, et la *Lettre sur la règle des vingt-quatre heures*, adressée à Godeau en 1630, constituent des pièces essentielles pour comprendre la formation de la doctrine classique.

Chapelain constitue l'exemple d'un écrivain entièrement soumis à l'idéologie dominante, ce qui explique en grande partie le dogmatisme de ses écrits et le sentiment qu'il possède de sa "mission." Protecteur d'une orthodoxie littéraire, ses jugements s'érigent comme autant de verdicts sans appel. Partisan de la tradition et respectueux des anciens, il s'appuie fidèlement sur les préceptes d'Aristote dont la *Poétique* représente le creuset de sa doctrine.

Qu'il cherche à justifier un nouveau genre poétique ou à promouvoir une règle d'unité, le ton de Chapelain est invariablement péremptoire et décisif. Adoptant le principe et la manière des classifications aristotéliciennes, son écriture se pose comme une démonstration. La préface d'*Adonis* est remarquable à cet égard, son éditeur n'ayant pas hésité à la qualifier comme "le manifeste de la critique systématique en France."[1] Le style, plein de circonvolutions, se ressent fort de la période cicéronienne, et le texte est truffé de citations d'auteurs anciens. L'influence de la tradition humaniste est manifeste ici. C'est contre l'esprit et l'apparence d'une telle continuité que s'en prendront les écrivains mondains.

Ceci dit, Chapelain est avant tout, et se déclare du reste, un professionel de la littérature, un "expert" possédant une formation théorique solide et poussée. Qu'on en juge par cet extrait tiré des *Sentiments* :

<blockquote>Comme dans la musique et dans la peinture on ne dirait pas que toutes sortes de concerts et de tableaux fussent bons, quoiqu'ils plussent au vulgaire, si toutes les règles de cet art n'y étaient observées et si les experts qui en sont les vrais juges ne confirmaient par leur approbation celle que le commun leur aurait donnée.[2]</blockquote>

Ainsi, le problème que pose la critique dogmatique par rapport à la critique mondaine est, entre autres, un problème de compétence. Qui est le mieux habilité à juger d'une œuvre, le critique pédagogue qui se fonde sur un savoir formalisé ou l'amateur qui ne se fie qu'à son goût? Non que ce choix soit toujours tranché et équivoque, la critique mondaine, sans pour cela rejeter les préceptes de l'art, optera pour la seconde alternative. Il s'agit plutôt, comme on le verra chez un Rapin par exemple, d'une question de dosage et de priorités.

Chez Chapelain toutefois, il ne peut y avoir de doute. Sa critique se fonde sur la croyance en des essences immuables, des principes établis et irréversibles qui cumulent dans des "règles." C'est pourquoi le texte est toujours précédé d'un avant-texte, d'un *a priori* qui l'oriente et le définit à la manière d'une grille. Le critique remplirait alors le rôle d'un rapporteur qui interprète le texte à partir d'une vision pré-conçue de ce que ce texte *doit* être. C'est pourquoi la critique érudite est essentiellement rationaliste et objective, la validité de son objet étant posée d'avance.

Outre son dogmatisme avéré, la critique de la première moitié du 17e siècle tend à être moralisante et législatrice.[3] Cherchant plus à blamer qu'à louer, n'hésitant pas devant l'esprit de chicane, ses jugements s'apparentent souvent à des sentences sans appel. Scudéry est peut-être l'un des meilleurs représentants de cette tendance. Sans être aussi borné, Chapelain n'en participe pas moins au même esprit, témoin cet extrait des *Sentiments*:

> Il faut que les remarques d'autrui soient non pas des diffamations mais des avertissements qui donnent le moyen de se relever à ceux qui sont tombés et retiennent les autres qui eussent couru la même fortune. Avec cette condition, on pourrait peut-être dire que la censure ne serait pas moins utile dans la république des lettres qu'elle le fut autrefois dans celle de Rome, et que supposant dans les censeurs des livres une intégrité pareille à celle des anciens Catons.[4]

L'assimilation du critique avec la fonction du censeur révèle les présupposés d'une critique fondée sur le sentiment d'une autorité morale à préserver. Pour Chapelain, il existe un bien et un mal en littérature, un droit chemin à suivre dont on ne peut s'écarter. Point d'innocents ici, seulement des justes et des coupables. Le critique se trouve investi d'une obligation qui porte autant sur son art que sur son adhésion au corps politique. Sa "mission" est d'assurer l'ordre dans la république des lettres.

Le caractère univoque et péremptoire de la critique dogmatique est ce qui a le plus irrité les écrivains mondains. Ne se fiant qu'à leur goût, expression cultivée de leur instinct naturel, ces derniers proclament le droit d'une œuvre à exister par elle-même et à être jugée pour ses propres mérites. Le jugement particulier se substitue à l'énoncé doctrinal, le critique se posant dorénavant comme honnête homme.

D'où le conflit qui, dès l'époque de Chapelain, oppose les partisans d'une critique fondée sur une poétique formalisée à ceux pour qui le principal mérite d'une œuvre réside dans l'agrément qu'elle engendre. Ce passage des *Sentiments* situe admirablement les parties en présence:

> D'autre côté, ceux qui voudraient qu'on approuvât entièrement ce poème [le *Cid*] parce qu'il a mérité leur approbation en tout, doivent croire que leur jugement n'est pas, comme ils se l'imaginent, la règle et la mesure du bien et du mal de ces sortes d'ouvrages, et qu'Aristote, qui a philosophé avec toutes les lumières que la nature peut fournir à l'esprit humain, n'est pas moins croyable s'il a désiré dans la poésie dramatique d'autres conditions que celles du simple agrément pour la rendre parfaite.[5]

En un sens on peut dire qu'Aristote couronne l'édifice de la critique érudite durant la première moitié du 17e siècle. Chapelain se range parmi ces "fanatiques d'Aristote" au nombre desquels René Bray inclut Scudéry et La Mesnardière, la *Poétique* de ce dernier étant un véritable décalque de celle du Maître.[6] L'influence du "divin philosophe" continue à se manifester, mais de façon atténuée: Citons, entre autres, le *Traité du poème épique* (1667) du P. Bossu et les *Réflexions sur la Poétique d'Aristote* (1674) du P. Rapin.

L'un des aspects les plus saillants de la critique dogmatique telle que la pratique Chapelain est le sentiment de rigidité, sinon d'inflexibilité, et de permanence qui l'anime. Consciente de ses attaches avec le passé, elle refuse toute marque d'originalité; l'œuvre ne doit pas être une invention mais une copie conforme, la réplique d'une matrice déjà en place. La conformité doctrinale entraîne alors nécessairement la soumission du public, qui accepte le verdict des doctes. Cette attitude est particulièrement évidente dans la préface à la *Pucelle*:

> Ce que j'estime pouvoir désirer de lui [le public] avec bienséance, c'est qu'il veuille se rendre familier un art tel que celui de la poésie, dont la doctrine n'a pas besoin d'une médiocre étude pour être comprise, et que les Aristote et les Horace n'ont démêlée et digérée qu'après de profondes méditations sur les poèmes où leurs auteurs avaient bien ou mal rencontré. Ce n'est pas une règle ployable comme la lesbienne,

mais une règle inflexible qui sert à connaître ce qui est droit et ce qui ne l'est pas. C'est le résultat de la quintessence de mille remarques diverses qui ont produit des préceptes invariables, des dogmes d'éternelle vérité.[7]

Pour Chapelain, l'acte créateur présuppose une *doxa*, un savoir supérieur qui en restreint considérablement les possibilités. Prisonnier d'une poétique dont il se voit refuser le droit de contester les prémisses, l'écrivain n'a d'autre choix que d'obéir. Aristote représente ici le garant de la vérité, une instance absolue qui se suffit à elle-même. De là, le principe du *Magister dixit*. Tribunal suprême, Aristote juge sans appel. Tout le système de Chapelain repose sur une eidétique où les règles servent d'essences immuables. A la limite, l'autorité d'Aristote débouche sur des principes universels et constants tels que la raison et le bon sens. La parole d'Aristote est *nécessairement* raisonnable et vraie n'ayant nul besoin de se justifier. Discutant un point soulevé par Scudéry dans ses *Remarques*, Chapelain déclare :

Tout ce que l'observateur dit après ceci, de la juste grandeur que doit avoir un poème pour donner plaisir à l'esprit sans lui donner de la peine, est bonne et solide doctrine fondée sur l'autorité d'Aristote, ou pour mieux dire sur celle de la raison.[8]

Autorité et raison, termes interchangeables dans l'optique de la critique dogmatique, se conjurent pour conférer à l'œuvre sa marque de vérité. Il s'agit donc moins de savoir si celle-ci obéit à une nécessité interne ou de déterminer les intentions de l'auteur que de mettre en cause sa conformité à des postulats théoriques. L'œuvre, dans une telle approche, est nécessairement fermée et limitée dans ses interprétations. Le texte est un théorème qui doit se plier à une certaine démonstration; de ce fait, il est toujours abordé de l'extérieur et non à partir de ses composantes internes.

Pour les mondains, au contraire, l'écriture ne saurait se réduire à une reproduction fidèle, à une simple réplique. Refusant de s'inféoder à un système ou à une autorité quelconque, ils voient dans la littérature un moyen de découvrir de nouveaux horizons. Le premier pas vers cette libération consiste à se détacher de l'emprise du passé, comme l'atteste Méré :

> Ceux qui se contentent de réciter les anciens ne rendent pas le monde plus habile. Mais quand on cherche et qu'on dit quantité de choses qu'on tient de qui que ce soit, il se peut du moins qu'on en trouve quelqu'une que le monde ne savait pas. Car c'est une erreur de s'imaginer qu'on ne peut rien dire qui n'ait été dit. (*OC*, II, 100)

Démentant le fameux axiome de La Bruyère selon lequel "Tout a été dit et l'on vient trop tard," Méré adopte une position diamétralement opposée, et se range dans le parti des modernes. Pour lui, l'écrivain ne doit pas répéter, "réciter," mais inventer, s'écarter des chemins battus. Même s'ils manquent parfois d'originalité, les écrivains mondains ont du moins eu le mérite d'affirmer leur indépendance en s'opposant à une tradition sclérosante.

Il n'est que logique alors qu'Aristote leur serve de cible, car c'est lui qui, plus qu'aucun autre théoricien classique, symbolise l'alliance avec le passé. Méré le présente ici dans l'optique de l'honnêteté:

> Il avait de cet esprit qu'il faut pour être habile en ce qui regarde la vie; mais pour de certaines connaissances plus cachées, il n'allait pas si loin que quelques uns qui l'avaient précédé. Ceux-là faisaient leur félicité de connaître et disaient qu'ils ne savaient presque rien. C'étaient d'honnêtes gens et de bonne foi, qui traitaient douteusement de choses douteuses, et pour celles que l'on peut comprendre nettement, quoiqu'elles soient de la plus haute spécialité, ils en parlaient d'une manière qui ne sentait ni l'art ni l'étude. (*OC*, I, 28)

"Habile" doit se comprendre au sens de quelqu'un qui possède des connaissances développées dans un domaine particulier. Il s'oppose par définition à l'honnête homme qui ne se *pique* de rien. Méré ne spécifie pas qui sont ces "quelques uns"; on peut toutefois présumer que Socrate comptait parmi eux, car Méré le loue à plusieurs reprises dans ses écrits. Socrate feignait de ne rien savoir afin de mieux dérouter son interlocuteur et l'amener à se poser des questions. Le principe de l'interrogation socratique vise essentiellement à ébranler les préjugés et les idées reçues. On découvre ici un parallèle avec l'honnête homme qui, lui aussi, mais pour des motifs différents, n'affirme rien de façon catégorique. D'autre part, le fait de douter constitue une attitude radicalement anti-dogmatique et mine le concept d'autorité. Procédant par catégories et classifications, la méthode aristotélienne cherche sans cesse à réduire la complexité du vivant à l'unité d'une théorie, ce qui explique son caractère foncièrement systématique.

L'une des raisons pour lesquelles Aristote a si mauvaise presse auprès des mondains provient de ce que c'est surtout son autorité qu'invoquent ceux qui condamnent les ouvrages des modernes. Pour eux, Aristote représente une contrainte et un interdit, une limitation apportée à l'activité créatrice. L'écrivain mondain ne se reconnaît aucune borne sauf celles du bon goût et de la bienséance. La doctrine, quelle qu'elle soit, l'entrave et le guinde. Méré, par exemple, reproche à Aristote de n'avoir pas plus "naturalisé l'art et les règles," et le prend à partie pour "une méthode épineuse et je ne sais quoi de trop étudié qui paraît en tout ce qu'on voit de lui" (*OC*, I, 29). L'insistance sur le naturel est l'un des thèmes dominants de la critique mondaine et nous aurons l'occasion d'y revenir. Dans ce cas, Méré entend par "naturaliser" le besoin de rendre une pensée plus accessible et moins abstraite. Le naturel s'oppose au didactisme et à tout ce qui est artificiel et contraint. En particulier, c'est ce "trop étudié" qui gène les mondains, habitués au *bon air* des conversations de salon. Pour le critique mondain, il n'existe pas de séparation radicale entre l'écrivain et son public; au contraire, c'est le public qui se constitue le juge souverain de l'œuvre. A l'encontre de la critique érudite, la critique mondaine ne postule aucune allégeance doctrinale, aucune forme de servitude, l'unique souci étant de plaire. Cela explique que l'écrivain mondain évite d'aborder des "grandes questions" et les sujets sérieux, préférant se cantonner autour des sujets touchant à la vie en société ou à la psychologie amoureuse. C'est donc une exigence sociale qui dicte les termes de l'écriture.

C'est en ce sens qu'il faut comprendre le désir exprimé par Méré de "naturaliser" le langage. L'écriture pour les mondains est un acte de communication où le niveau dénotatif domine. Son effort vise à représenter et à transcrire une certaine expérience du monde. Pour l'humanisme mondain, l'écriture ne saurait donc se séparer de ses origines, comme en témoigne Méré:

Parmi tous les airs que l'on remarque, je n'en vois d'agréable que celui des Cours et du grand monde; de sorte que dans la vie ordinaire tout ce qui tient du métier déplaît.

> Ce n'est pas qu'un galant homme ne doive rien dire de la plupart des Arts, pourvu qu'il en parle en homme du monde plutôt qu'en artisan. (*OC*, III, 42)

Si le savoir n'est pas incompatible avec la qualité d'honnête homme, il ne peut toutefois s'afficher de façon péremptoire. Comme nous l'avons fait observer, l'honnêteté est un style de vie, non une doctrine. Elle pourrait se résumer par la formule: tout pour la société et tout par la société. Alors que le critique dogmatique souscrit à une doctrine textuelle (la *Poétique* d'Aristote), l'écrivain mondain se soumet au code des bienséances, dont la transmission est orale. Dans les deux cas, notons le, toute problématique du langage est écartée; le texte doit se lire en clair, être suprêmement intelligible. Il n'empêche que l'écrivain mondain est beaucoup plus sensible aux inflexions et aux nuances qu'un critique tel que Chapelain. Plus ouvert à l'émotion esthétique, que le conformisme doctrinal tend à étouffer, il voit dans l'œuvre l'occasion d'une jouissance totale et inconditionnelle.

Méré, dans un passage particulièrement représentatif, rend compte des deux principales tendances critiques qui traversent le siècle:

> Il y a deux sortes d'études, l'une qui ne cherche que l'art et les règles; l'autre qui n'y songe point du tout, et qui n'a pour but que de rencontrer par instinct et réflexions ce qui doit plaire en tous les sujets particuliers. S'il fallait me déclarer pour l'une des deux, ce serait à mon sens pour la dernière, et surtout lorsqu'on sait par expérience ou par sentiment qu'on se connaît à ce qui sied le mieux. (*OC*, II, 109)

Si le débat sur l'art et la nature est loin d'être neuf, il trouve ici un nouveau champ d'application. La première approche caractérise celle des savants, la seconde celle de l'honnête homme. Cette dernière met en place un certain nombre de notions sur lesquelles il est bon d'insister. Le critique mondain *sent* son objet alors que le docte cherche à le comprendre intellectuellement comme un schéma théorique. Nous passons dès lors d'une critique objective à une critique du sentiment. La différence est significative, car dans le premier cas les principes sont quantifiables, comme la règle des ving-quatre heures, alors que les seconds ne le sont pas. De même, comme l'indique Méré, ceux qui appréhendent un objet sous un biais théorique postulent une connaissance aprioristique:

> La différence qu'il y a de ceux qui font les choses naturellement à ceux qui les font par art, c'est que les premiers sentent par expérience ou autrement comment il faut faire les choses pour réussir, et les autres ne les sentent qu'en faisant réflexion sur les règles de l'art.[9]

Ces deux textes mettent en évidence un dualisme critique qui se fonde sur une différence épistémologique portant sur la nature même de l'objet esthétique. Pour la critique savante, l'objet esthétique est un événement déchiffrable qui doit se soumettre à une grille normative; pour le critique honnête homme, l'effet que produit ce texte est plus important que sa conformité doctrinale. On peut alors parler d'une connivence naturelle entre le lecteur et le texte.

Ce genre de considérations entraîne Méré à s'interroger sur le statut des règles et des motifs de la résistance qu'ils rencontrent chez nombre d'écrivains:

> Les règles sont en aversion à tout le monde, et je crois qu'on en peut donner deux raisons. La première est que nous avons un sentiment de liberté duquel nous ne pouvons nous défaire. En effet ce qui nous est aisé quand nous le faisons sans contrainte nous devient quelquefois insupportable si nous y sommes forcés. La seconde est que nous n'aimons d'ordinaire que les choses qui nous semblent naturelles et quoique les sciences le soient, les règles ne le sont pas.[10]

Ces deux raisons finissent en réalité par se confondre, l'idée de naturel impliquant celle de liberté. Le sentiment d'indépendance qui les anime est l'une des principales causes de l'hostilité des écrivains mondains au didactisme des savants. A quoi s'ajoutent les exigences de la vie en société, où l'honnête homme se montre résolument opposé au pédantisme. On peut aussi interpréter cette affirmation de liberté comme un refus de la tradition et de l'autorité; le défaut des doctes est d'imposer un système de l'extérieur et de chercher à l'universaliser. La "règle" postule que la vérité est une et indivisible. L'écrivain mondain, en revanche, considère la règle comme une anti-physis, une enfreinte à l'ordre des choses. Se conformant aux principes de l'honnêteté, il affirme ne se *piquer* de rien, c'est-à-dire ne rien ériger en principe absolu et irrévocable. C'est pourquoi la critique mondaine est essentiellement relativiste; elle vise moins à promouvoir des vérités toutes faites qu'à découvrir l' "agrément inexplicable."

La récurrence du mot *naturel* et son importance croissante à partir des années 1660 invite à en dégager le contenu et les implications.[11] D'une manière générale, ce mot s'applique à un comportement social et signale une qualité aristocratique. On dira qu'une telle conduite est naturelle si rien d'artificiel ou de contraint n'y paraît. Nous avons ici l'exemple d'un concept emprunté à la vie mondaine et qui s'est progressivement intégré dans le vocabulaire esthétique. A ce titre il fait partie du groupe analogique qui comprend les notions d'agrément, de bienséance et de bon goût. Le naturel représente une certaine forme de la nature; non pas une nature naïve et sans fard, mais une nature privilégiée et embellie. Le naturel classique est toujours un naturel de convention qui postule la conformité d'une œuvre avec un modèle idéal; ce modèle, toutefois, n'est pas un modèle outré, exceptionnnel, mais un modèle réduit au bon sens et à la raison. Il ne relève pas du vrai mais d'une consonance esthétique qui est elle-même le produit d'un rapport social. Le naturel classique est voulu, délibéré, car il est le reflet d'une aspiration esthétique qui trouve son fondement dans un effort concerté pour créer une œuvre d'art. Aussi le naturel est-il un principe restrictif qui limite considérablement la conception que les classiques se font de la beauté. "Ce n'est pas assez de s'attacher à la nature, qui est rude et désagréable en certains endroits," déclare le P. Rapin, "il faut choisir ce qu'elle a de beau d'avec ce qui ne l'est pas."[12] L'insistance sur le naturel étant surtout liée à la vie en société, c'est surtout dans les écrits des mondains que ce terme paraît. C'est pourquoi on le trouve d'habitude associé avec les notions d'agrément, de facilité et de simplicité.[13] Parmi les définitions du naturel, celle du P. Bouhours s'impose comme l'une des plus élaborées:

> J'entends par naturel quelque chose qui n'est point recherché ni tiré de loin, que la nature du sujet présente et qui naît pour ainsi dire du sujet lui-même. J'entends je ne sais quelle beauté sans fard et sans artifice. On dirait qu'une pensée naturelle devrait venir à tout le monde; on l'avait, il me semble, dans la tête avant que la lire; elle paraît aisée à trouver et ne coûte rien dès qu'on la rencontre; elle vient moins en quelque façon de l'esprit de celui qui pense que de la chose dont on parle.[14]

Le caractère dominant du naturel est son absence d'artifice, et le fait qu'il coïncide parfaitement avec son objet. C'est dans le cœur et non dans l'intelligence discursive que le naturel trouve son fonds. Il s'efforce de communiquer l'impression du jet initial, la spontanéité première que tempère le bon usage. Cette qualité est surtout requise pour l'éloquence dans la mesure où celle-ci cherche plus à agréer qu'à convaincre. "La nature seule donne l'esprit et si l'art dicte des règles pour l'éloquence, ce n'est que parce qu'elle les lui a enseignées" déclare Marmet de Valcroissant.[15] Rapin observe que "outre la naissance heureuse pour la parole, l'assemblage des seules qualités naturelles requises pour réussir en l'art de parler est extrêmement rare."[16] Manifestement, le naturel ne s'acquiert pas dans les livres; c'est un don qui trouve d'instinct l'équilibre dans les choses et s'exprime sans contrainte. Le naturel ne saurait toutefois se passer d'un certain polissage; pour les classiques, le concept de nature renvoie non pas à une nature extérieure et physique, mais à une nature humaine et psychologique. Il est par conséquent perfectible. Comme le signale Méré: "Le plus beau naturel du monde est peu de chose si l'on n'a soin de l'instruire et de le perfectionner" (*OC* I, 68).

Malgré leurs différences, les écrivains mondains manifestent une commune aversion pour la culture savante, ce qui atteste chez eux le rapport étroit entre la vie en société et l'écriture. Parmi ces écrivains, Morvan de Bellegarde est peut-être celui qui s'est le plus acharné contre les hommes de cabinet:

> La plupart de ces Messieurs que l'on honore du titre de savants ont un mauvais goût et ne jugent que de travers; ils ont l'entretien pédant et fastidieux. L'étude engendre une crasse dans l'esprit et le gauchit, à moins que le commerce des honnêtes gens ne l'épure et ne le redresse. Il sert de peu à ces sortes de gens d'avoir du mérite; parce qu'ils n'ont point l'art de plaire, leur mérite devient fâcheux et incommode.[17]

L'ironie, mise en évidence par "Messieurs," se mêle d'une condescendance moqueuse. Comme beaucoup de ses confrères, l'auteur ne se ménage pas lorsqu'il s'agit de s'en prendre aux savants; il charge à fond, et souvent sans grande discrimination. La discipline professée est jugée d'après le comportement social de celui qui la représente. A moins d'être honnête, de se plier aux exigences du monde, le savant est irrévocablement ridiculisé et exclu de la société polie. Cette conception étroite s'enracine dans la prémisse que l'agrément doit primer sur l'étude, et qu'il est plus important de plaire que de communiquer des connaissances limitées dont le public moyen ne se soucie pas. Car, comme le déclare Morvan de Bellegarde, "les vraies connaissances ne se piquent de rien."[18]

Les préjugés de l'auteur ne font en réalité que refléter l'hostilité générale des "honnêtes gens" à l'endroit de la culture savante. Ce ne sont pas seulement deux philosophies qui s'opposent ici, mais deux mondes dont les habitudes et les aspirations diffèrent radicalement :

> L'école du monde contribue mieux à façonner les hommes que toute la science des collèges qui les rend assez souvent sauvages et ridicules, parce qu'ils veulent trop faire connaître qu'ils sont savants. L'ignorance agréable et enjouée des femmes vaut mieux que la sombre et ennuyeuse érudition des savants. Elles parlent avec plus d'ordre et d'agrément.[19]

Le fossé entre ces deux conceptions de la culture, l'une humaniste, l'autre mondaine, ne saurait être plus apparent. Autant par tempérament que par goût, le savant et l'honnête homme se situent à des pôles opposés. Mais c'est surtout l'origine de leur savoir qui les distingue ; alors que l'un le puise surtout dans l'antiquité, l'autre l'acquiert par l'échange mondain. D'autre part, la culture savante est une culture essentiellement livresque qui tend à se renfermer sur elle-même ; la culture de l'honnête homme, qui fait de l'ignorance presqu'une qualité, est surtout orale et pratique. Ainsi, la méfiance, sinon le dédain, de l'honnête homme pour la culture des savants le conduit invariablement à condamner en bloc tout savoir qui n'est pas au niveau d'un public de salon. Plutôt que le ton "sérieux," on préférera un badinage élégant et délicat, celui-là même qu'affectent et prisent les femmes. Aussi, pour Morvan de Bellegarde, "la science qui apprend à vivre parmi les honnêtes gens est préférable à toutes les autres."[20] Il n'est donc que trop évident que l'honnêteté est le principe générateur de la critique mondaine, et celui vers lequel il faut d'abord se tourner pour en saisir les présupposés et les ramifications.

Il semble qu'il faille voir dans cet affrontement idéologique plus qu'une simple querelle d'idées, mais la mise en question de la culture humaniste telle qu'elle était enseignée dans les collèges. La contestation porte à la fois sur la validité de cette culture, sur sa pertinence dans la société contemporaine, et sur la pédagogie qui sert à la transmettre. La culture mondaine représente une déclaration de modernité, un refus de répéter le passé et de souscrire aux valeurs d'une tradition qui, par faute de n'avoir pu se renouveler, s'est reléguée dans les cabinets d'études et les salles de collège. Comme Descartes avant lui, Morvan de Bellegarde fait un procès en règle à cet enseignement de collège qui exerce l'esprit sans développer le jugement et la sensibilité:

> J'ai de la peine à deviner pourquoi les personnes nourries dans les collèges sont pour l'ordinaire peu complaisantes et impolies: la science qu'ils y puisent ne devrait point faire un si mauvais effet sur leur esprit qu'elle gauchit au lieu de redresser. Je crois que l'habitude qu'on y a de disputer toujours et de se dire des injures en Latin les rend féroces et incapables de céder et de plier leurs sentiments pour s'accommoder à celui des autres.[21]

Il est certain, et l'auteur a raison de le souligner, que la *disputatio* en honneur dans les collèges jésuites contribue pour beaucoup à développer un esprit argumentatif axé sur la forme du raisonnement et non sur la vérité de ses prémisses. L'objet de cette méthode vénérée cherche moins à émouvoir qu'à persuader par des raisonnements dont certains relèvent plus de la sophistique que d'une authentique poursuite du vrai. Les deux parties en présence s'emploient à mettre en valeur leurs connaissances dialectiques et leur habileté élocutoire; point de dialogue ou d'échange ici, mais une contestation souvent âpre où la vanité est d'habitude l'enjeu. Il va sans dire que cette méthode s'oppose directement aux principes de l'honnêteté; son caractère didactique et impérieux ne saurait s'accommoder aux usages mondains, dont l'une des premières exigences est de plier aux façons d'autrui. Il faut aussi voir dans la *disputatio* l'une des raisons pour lesquelles la critique dogmatique est tellement portée aux classifications et aux dénombrements. Le besoin de définitions claires et la tendance à vouloir tout réduire à des propositions simples est un reflet de l'héritage scolastique.

Le P. Bouhours ne manque pas non plus de s'en prendre à la culture savante:

> La plus heureuse naissance du monde a besoin d'une bonne éducation et de ce bel usage du monde, qui raffine l'intelligence et qui subtilise le bon sens. De là vient que les savants de profession ne sont d'ordinaire de beaux esprits. Comme ils sont d'ordinaire ensevelis dans l'étude et qu'ils ont peu de commerce avec les honnêtes gens, ils n'ont pas dans l'esprit une certaine politesse et je ne sais quel agrément qu'il faut avoir.[22]

Les écrivains mondains ne condamnent pas l'étude en soi, mais les effets néfastes auxquels elle conduit parfois. Pour des auteurs comme Méré, Bouhours, et Morvan de Bellegarde, l'écrivain doit d'abord être honnête homme et se conformer aux usages de la société polie. C'est en fréquentant les hommes qu'il apprendra à les comprendre, et non pas dans le silence de son cabinet. "Le bel usage du monde" est une porte ouverte sur l'humanité, même si celle-ci est limitée à une élite. Cette conception fait de l'honnête homme le modèle et l'objet principal de l'écriture. Les valeurs qu'il cherche à promouvoir (le bon goût, la bienséance, le naturel, etc.) doivent se retrouver dans toute création. L'écriture représente un prolongement de son être social, l'expression scripturale de cette politesse qu'il adopte dans ses rapports avec autrui. Comme écrit Morvan de Bellegarde, "La grande règle est de se faire au goût des gens avec lesquels on est obligé de vivre."[23] Dans cette optique, l'écriture devra forcément, elle aussi, être bienséante.

Il est difficile, devant le manque de documents probants, d'affirmer à quel point Pascal a été influencé par le courant mondain. Si Méré et Mitton n'ont pas exercé une influence directe, du moins ont-ils été des catalyseurs. Pour ce qui est du premier, certains de ses propos ont vraisemblablement orienté Pascal dans ses réflexions sur les conditions de "l'art de persuader." Il convient alors de revenir sur un aspect de leurs rapports tel qu'il se trouve illustré dans la fameuse lettre 19, où Méré reproche à Pascal d'être un mathématicien incapable de s'affranchir de la méthode déductive:

Ces longs raisonnements tirés de ligne en ligne vous empêchent d'entrer d'abord en des connaissances plus hautes qui ne trompent jamais. Je vous avertis aussi que vous perdez par là un grand avantage dans le monde, car lorsqu'on a l'esprit vif et les yeux fins on remarque à la mine et à l'air des personnes qu'on voit quantité de choses qui peuvent beaucoup servir.[24]

Texte significatif auquel il semble difficile que Pascal ait pu rester indifférent; en dépit de son allure d'admonestation ("je vous avertis"), il contient un aperçu qui transcende les théories des savants. Les qualités dont parle Méré sont les mêmes qui caractérisent l'esprit de finesse. Méré ouvre à Pascal un domaine nouveau et non quantifiable qui comprend ces "connaissances plus hautes" que Méré s'est réservées. Elles exigent non pas un savoir théorique, mais le sentiment de ce qui *sied* et de ce qui peut communiquer l'agrément. Aussi Méré n'a-t-il que mépris pour ceux qui pratiquent exclusivement la démarche scientifique. "Et je vous jure," dit-il à son interlocuteur, "que ce n'est presque rien non plus que cet art de raisonner par les règles, dont les petits esprits et les demi-savants font tant de cas."[25] Que propose-t-il en contrepartie? Un principe que lui-même a adopté dans tous ses écrits et qu'il énonce en termes non équivoques: "De sorte qu'on trouve mieux la vérité par le sentiment naturel que par toutes vos démonstrations."[26] Entre la raison déductive et le sentiment affiné par le monde, Méré n'hésite pas; car il n'y a pas de choix pour lui entre être honnête homme ou savant.

Rien n'est plus antithétique aux usages mondains qu'une méthode qui ne laisse aucune place au naturel et à l'agrément; si Méré ne la condamne pas en elle-même, il n'est pas sans remarquer ses faiblesses:

Il est bon de prendre l'esprit de cette science à cause de quelque adresse et de quelque justesse qu'elle peut donner. Mais il ne faut pas s'y engager trop avant. Elle retire les gens du commerce de la vie, elle rend trop spéculatif. Outre que cette méthode est lassante et que jamais ce n'a été le langage d'aucune Cour du monde. (*OC*, II, 30)

En conformité avec l'idéal de l'honnête homme, il ne faut jamais se *piquer* de rien, et surtout pas de sciences. A un niveau plus large, c'est l'idée même de spécialisation qui est en cause. L'homme de cour ou de salon n'est limité à aucune discipline particulière et se targue même de pouvoir parler de tout; sa vocation est l'universel. Cette superficialité de bon ton, cette ignorance cultivée, est partagée par la majorité des mondains. De surcroît, le but de la vie en société étant de distraire, les sujets "sérieux" (scientifiques ou religieux) sont communément écartés. C'est pourquoi les discussions portent d'habitude sur des "petits riens," potins divers, nouvelles de la cour, événements familiaux, etc. Avant tout, la vie en société est un délassement, un "divertissement."

Après avoir situé la critique mondaine en opposition et dans ses rapports avec la critique érudite, il reste à définir ses principes opératoires. On partira de deux déclarations de Méré figurant dans les *Propos*. "Ce n'est pas mon métier d'enseigner, je songe comme on parle dans le monde."[27] Et plus loin, son secrétaire rapporte cette observation: "Il dit que le profit qu'il a fait dans la lecture, c'est d'examiner pourquoi certaines choses lui plaisaient; il a fait de même en celles du monde" (ibid.). Les deux textes exemplifient non seulement une attitude personnelle, mais une attitude critique qui lui est extensive. Méré n'établit aucune distinction entre le plaisir qu'il éprouve dans une assemblée mondaine et celui qu'il retire d'une œuvre; les deux se fondent sur les mêmes postulats. Ce plaisir est une jouissance esthétique qui découle de la conformité de la chose avec l'idée préalable de la fonction. Une œuvre plaira dans la mesure exacte où le public mondain y reconnaîtra les idées maîtresses gouvernant ses rapports en société; il s'instaure alors entre le texte et l'idéologie de l'honnêteté un lien homologique, un rapport d'identité. L'œuvre devient la représentation d'un comportement social, la mise par écrit d'un code essentiellement verbal. En termes d'axes, il faudrait dire qu'il existe une correspondance parfaite entre l'axe syntagmatique (la chaîne verbale) et l'axe paradigmatique (le système ou référent) qui l'articule. Le sens du texte le précède, ce dernier étant non une création au sens plein du terme, mais un *exemplum*. L'écrivain écrit en fonction et pour un public dont il cherche à se gagner les sympathies; c'est pourquoi son écriture est mimétique en ce qu'elle vise à reproduire un donné existant. Il faudra alors qu'il s'exprime avec clarté et naturel, le caractère non problématique du texte étant l'une de ses conditions d'efficacité. Comme écrit Méré, confirmant la complicité entre l'écriture et le code mondain:

> Vous ne devez point croire que vous excellez à écrire si vous ne choisissez bien les sujets, si vous ne dites des choses exquises; et il faut encore ajouter, si vous ne les dites de la meilleure manière. *Un homme qui écrit ne doit guère songer qu'aux honnêtes gens.*[28] (Nous soulignons.)

"Dire des choses exquises," tel pourrait être le motto de la critique mondaine pour laquelle l'écriture se réduit à un sentiment délicat Tout est dans le style, la "manière," le message variant peu. S'il est une chose qui caractérise les ouvrages de civilité, c'est leur manque d'originalité; les préoccupations tournent autour des mêmes thèmes: la nature de l'agrément, l'importance des bienséances, comment se comporter dans le monde, etc. L'humanisme mondain est un humanisme de salon, où l'honnête homme voit dans la littérature non pas un enseignement, mais un miroir de lui-même et de sa société.

Malgré son conformisme, cette littérature de salon est une littérature qui se cherche, comme l'atteste son désir de rompre avec les modèles du passé; son goût de la contemporanéité l'oppose directement à la critique dogmatique, qui se complaît dans une admiration béate de l'antiquité. Méré est l'un de ceux qui a le plus vivement manifesté ce besoin de briser avec les formules du passé. Même si on peut lui reprocher le manque de cohésion de son œuvre, conséquence voulue de son refus de la linéarité, on découvre en elle des aperçus souvent neufs et pénétrants. Mais ce qu'il y a peut-être de plus remarquable chez Méré, c'est ce désir de lier une expérience littéraire à une expérience mondaine et existentielle. Une série de citations tirées des *Propos* témoigne que Méré cherche en lui-même et non dans une doctrine toute faite la source de son expérience esthétique. "Il ne faut pas donner des préceptes; il faut s'arrêter à la pratique et ne pas faire le pédagogue"; "on apprend plus pour la spéculation en pensant et en pratiquant pendant six mois qu'en un an d'étude."[29] La prééminence de la *praxis* sur la théorie littéraire est l'un des traits les plus saillants de la critique mondaine. Celle-ci cherche à juger l'œuvre en elle-même à partir d'une expérience réelle et immédiate de son contenu; anti-textuelle, elle voit dans la production littéraire une expression du moi social et non l'imitation servile d'une poétique.

Ayant subordonné la réflexion théorique aux facultés instinctives, l'écriture mondaine postule la souveraineté de l'œil du critique. La métaphore de l'œil s'assimile alors avec une faculté cognitive; bien voir équivaut à bien juger. "Il faut bien regarder et bien voir pour bien juger" déclare Méré.[30] Il découle que celui dont la vue est faible ou obscurcie juge nécessairement mal et vice-versa. C'est le cas de M. Le Fèvre, le père de Mme Dacier: "M. Le Fèvre en toute sa vie n'a pas regardé un quart d'heure les choses comme il les faut regarder. Il avait l'esprit faussé."[31] Dans une société qui attache une grande importance au paraître, le regard joue un rôle crucial. Un des meilleurs exemples se trouve dans le théâtre de Racine où le regard, comme l'a montré Jean Starobinski dans un article fameux, connote une gamme de sentiments allant de la convoitise amoureuse à la pire des jalousies. Le regard agit comme un sixième sens (l'œil de l'esprit) et perçoit les qualités intrinsèques d'une œuvre sans le truchement de la raison déductive. Cette faculté de compréhension visuelle n'est pas donnée à tout le monde. Heureux celui qui la possède. Déclare Méré: "Un homme qui peut voir un jour les choses comme il les faut voir peut les voir toute sa vie."[32] Pour le critique mondain, à l'inverse du savant, l'objet esthétique n'est pas une surface plane accessible à la manière d'un théorème, mais un objet dont l'essence profonde ne saurait être découverte que par l'œil d'une conscience.

La part accordée au regard et au sentiment explique le caractère essentiellement subjectiviste de la critique mondaine. Refusant le savoir formalisé et aprioristique, elle trouve dans son expérience du monde sa principale justification. Centrée sur elle-même, hostile aux règles et à la doctrine, elle poursuit son chemin sans jamais se retourner. Son objet—l'agrément, le naturel, la bienséance—est multéiforme et ne se prête pas à des définitions exhaustives. C'est précisément dans cet espace sémantique indéfini qu'un auteur comme Méré trouve sa raison d'être. "Il y a des choses embrouillées qu'on a de la peine à séparer," dit-il, "et c'est où je réussis le mieux."[33] Esprit éveillé, attentif aux moindres nuances et méandres de la pensée, Méré avance sur un terrain extrêmement glissant. Mais ce qui le mène, malgré ses faiblesses et ses défauts, est une volonté de définir l'indéfinissable. Dans un texte révélateur, il déclare: "Il y a deux puissances dans l'esprit: l'une de comprendre les choses qu'on y veut mettre; et l'autre, d'en chercher et d'en trouver."[34] Nul doute que Méré se situe dans la seconde catégorie. Il n'a pas peur de se lancer sur des chemins écartés où l'entraîne sa sensibilité. Contrairement à l'érudit et au savant, emprisonnés dans la tradition, la pensée et l'écriture sont pour lui des moyens d'auto-découverte. Rien de plus significatif que cette remarque: "Il faut étudier sans livres. Je n'ai guère étudié autrement. Remuer, inventer, chercher."[35] Tout part chez lui de la subjectivité:

L'HONNETE HOMME ET LES SAVANTS

> Et puis je ne juge de rien, je dis seulement ce que je sens et l'effet que chaque chose produit dans mon cœur et dans mon esprit. Je voudrais que chacun sans épiloguer en usat de même, parce que le sentiment quand il agit sans réflexion est d'ordinaire un bon juge de la bienséance et des agréments.[36]

Par "juger de rien," l'auteur entend ne rien énoncer de façon catégorique. Conformément aux principes de l'honnêteté, Méré communique ses impressions sans chercher à les imposer comme des vérités absolues. La fin du passage souligne une position épistémologique qui embrasse à la fois l'objet et le *modus operandi* de la critique mondaine. Pour ce qui est de ce dernier, il s'agit de fonder le discours esthétique à partir du sentiment; faculté non discursive. Quant à l'agréable et au bienséant, ils sont intrinsèquement liés au jugement esthétique, de sorte que le système sémiotique régissant la vie en société déborde et enveloppe le texte qui n'en est que le prolongement scriptural.

Il est difficile de résumer en quelques lignes la pensée d'un auteur ou l'esprit d'une tendance. Trop de maillons s'enchevêtrent pour qu'une pareille tentative résiste longtemps à une analyse approfondie. Pourtant, dans le texte qui suit, Méré a admirablement cristallisé l'essence de son projet esthétique:

> Ce que j'approuve extrêmement, c'est de chercher plus la vérité que l'apparence, de préférer son goût aux règles communes quand on est assuré de l'avoir bon et de témoigner peu d'art et beaucoup d'esprit, pourvu qu'on ait un grand art caché.[37]

La vérité que poursuit Méré n'est pas celle d'Aristote ou d'un texte finalisé, mais une vérité qui se dissimule au savoir positif. C'est un agrément secret, un certain "je ne sais quoi" qui se glisse dans une œuvre et fait en sorte qu'elle plaise malgré ses défauts. Les règles sont inefficaces dans la poursuite de cette essence élusive, car elles ne touchent que "l'apparence" de l'œuvre. Seul un goût nourri par la réflexion et éclairé par la raison est capable de sentir au-delà de l'immédiat phénoménal. Les connaissances acquises, la technique (l'art), sont également impuissantes à rendre pleinement compte de la complexité de l'objet esthétique; d'où la nécessité de cultiver un "grand art caché." Pour cela, il faut d'abord se mettre à l'écoute de l'œuvre, laisser sa résonnance intérieure nous guider. Dans un passage admirable, qui mérite à lui seul tout un commentaire, Méré déclare: "Pour connaître le vrai mérite des écrits on fait mieux en les lisant d'examiner d'abord ce qui se passe en soi-même sans prévention (*OC*, I, 134). Contrairement à la critique dogmatique qui force le texte dans un système, la critique mondaine est impressioniste et subjectiviste. Si elle n'est pas à l'abri de certains préjugés (la lecture virginale d'un texte n'est que pure illusion), elle se dégage de l'emprise de la tradition et de l'autorité des "maîtres." Elle échappe au cadre étroit d'une herméneutique formelle et normative pour se fonder sur la sensibilité de l'écrivain. Celui-ci n'est plus un interprète omniscient, mais un découvreur de sens.

Cette remarque caractérise dans une large mesure le projet fondamental de la critique mondaine durant la seconde moitié du 17e siècle. Rejetant le principe d'autorité pour se rallier au bon goût, ces écrivains s'efforcent d'apprécier l'œuvre en elle-même et à partir de ses qualités propres. S'il serait exagéré de parler ici d'une école, il existe toutefois entre des différents auteurs une grande affinité de vues. Saint-Evremond, que l'on a prétendu être le meilleur critique de son temps,[38] est l'un de ceux qui exemplifient le mieux la primauté du goût dans le jugement esthétique. Ne proposant aucune doctrine élaborée, aucune approche systématique, il est l'image même du critique honnête homme. Pour lui, l'œuvre écrite prolonge l'échange mondain et les qualités et défauts qu'il y découvre sont les mêmes qu'il observe chez ses pairs. Le critique se fait bel esprit, prisant l'élégance de la forme autant que la finesse de l'analyse. Rien d'étonnant alors si Saint-Evremond part, lui aussi, en guerre contre la critique savante:

> J'ai vu depuis quelques années un grand nombre de critiques et pas de bons juges. Or je n'aime pas ces gens doctes qui emploient toute leur étude à restituer un passage dont la restitution ne nous plaît en rien. Pour ne rien sentir, pour ne rien penser délicatement, ils ne peuvent entrer dans la délicatesse du sentiment ni dans la finesse de la pensée.[39]

Il est intéressant de noter le sens négatif que l'auteur assigne au mot *critique* qui s'assimile avec l'étude des défauts d'une œuvre, et l'approche myope du philologue qui se limite à la correction d'un texte. Inversement, Saint-Evremond conçoit la critique non pas comme une exégèse, mais comme l'occupation d'un esprit fin et délicat. A l'instar de Méré, il juge une œuvre par l'agrément qu'elle lui communique, et non par sa valeur pédagogique ou intellectuelle:

> A vrai dire je cherche plus dans les livres ce qui me plaît que ce qui m'instruit ... J'ai plus besoin du fonds de la vie que de la manière de vivre et le peu que j'en ai s'entretient mieux par les agréments que par les instructions.[40]

Texte significatif qui fait de la littérature un objet de jouissance et non d'étude, ce qui entraîne un complet renversement d'optique par rapport à la critique savante. Saint-Evremond revient sur ce point dans une lettre adressée au Comte d'Olonne:

> Parmi les livres que vous choisirez pour votre entretien à la campagne, attachez-vous à ceux qui font leurs effets sur votre honneur par leur agrément plutôt qu'à ceux qui prétendent fortifier votre esprit par leurs raisons ... La morale n'est propre qu'à faire méthodiquement une bonne conscience. Les vrais honnêtes gens n'ont que faire de ses leçons. Ils connaissent le bien par la seule justesse de leur goût et s'y portent de leur propre mouvement.[41]

L'auteur semble avoir à l'esprit les ouvrages des moralistes chrétiens, dont la méthode, didactique et sèche, déplaisait particulièrement aux mondains. La fin du passage nous ramène à la théorie de l'honnêteté. On se rappellera que l'honnête homme base son comportement sur des notions sociales et empiriques qui tendent à occulter les valeurs métaphysiques et morales. Le bien ou le mal se définissent non pas d'après une ontologie, mais d'après les circonstances du moment, d'après ce qui *sied*. Ce même principe relativiste s'applique au jugement esthétique: l'honnête homme réagit devant l'œuvre selon l'effet qu'elle produit sur sa sensibilité, son impression favorable ou défavorable étant une condition suffisante pour déterminer sa valeur.

Une telle attitude implique *de facto* un besoin de s'affranchir de l'emprise de la tradition et de l'autorité des savants. On admirera une œuvre pour ses propres mérites et non pas en fonction de son imitation fidèle des modèles antiques. Saint-Evremond est l'un de ceux qui a le mieux appliqué ce principe:

> J'ai toujours cru que pour faire un sain jugement des hommes et de leurs ouvrages il les fallait considérer par eux-mêmes, avoir du mépris ou de la vénération pour les choses passées, selon leur peu de valeur ou de mérite ... Le point le plus essentiel est d'acquérir un vrai discernement et de se donner des lumières pures. La nature nous y prépare, l'expérience et le commerce des gens délicats achèvent de nous former.[42]

Nous trouvons ici les points capitaux de la critique mondaine: formation du jugement individuel, affinement du goût, importance de la nature, accent sur la *praxis* et la fréquentation du monde. Tous convergent dans l'idéal de l'honnêteté. Ce sont les qualités naturelles et empiriques qui dominent au dépens des critères objectifs. Il ne s'agit plus de s'enfermer dans les contours étroits d'une doctrine, mais d'aborder l'œuvre selon ses propres termes et pour sa valeur intrinsèque. Affranchie de la servitude du passé, l'écriture pourra penser par elle-même. Vivant dans le présent et non dans le souvenir des modèles antiques, l'écrivain veut édifier son propre univers. La Motte est à cet égard encore plus radical que Saint-Evremond:

> Regardons toujours les choses en elles-mêmes, et si elles sont à notre portée, n'en jugeons jamais simplement sur l'autorité des autres. Fussent-ils les juges les plus compétents sur la manière dont il s'agit, ils nous doivent des raisons et des raisons qui nous éclairent.[43]

C'est la contre-partie du *Magister dixit*, fondement de la critique dogmatique. L'écrivain honnête homme, au contraire, découvre l'œuvre de l'intérieur; c'est pourquoi son analyse est plus introspective, plus analytique et insiste davantage sur les aspects psychologiques. Il ne s'agit pas de comprendre l'œuvre comme l'imitation d'un modèle mais comme l'expression d'une sensibilité individuelle. En substituant le sentiment et l'expérience à l'autorité, La Motte libère l'écrivain du fétichisme des règles et se range à côté d'écrivains tels que Bayle et Fontenelle.

A un public nouveau il faut une littérature nouvelle. Celle-ci reflète un changement profond dans les esprits, comme en témoigne Saint-Evremond qui, dans ses *Observations sur le goût et le discernement des Français*, écrit:

> Le génie de notre siècle est tout opposé à cet esprit des fables et des faux mystères. Nous aimons les vérités déclarées; le bon sens prévaut aux illusions de la fantaisie; rien ne nous contente aujourd'hui que la solidité de la raison. Ajoutez à ce changement du goût celui de la connaissance. Nous envisageons la nature autrement que les anciens ne l'ont regardée. Les Cieux, cette demeure éternelle de tant de divinités, ne sont qu'un espace immense et fluide. Tout est changé; les Dieux, la Nature, la Politique, les Mœurs, le Goût, les Mœurs.[44]

Ce texte laisse présager la naissance de l'esprit philosophique par son accent sur la raison critique. L'édifice classique, essentiellement tourné vers lui-même, commence à se fissurer sous l'assaut de poussées hostiles à la doctrine des anciens. Ce n'est plus la voix de l'antiquité que l'on veut écouter, mais celle des modernes.

En particulier, l'attitude envers le "divin philosophe" s'est profondément transformée; témoin, Saint-Evremond:

> Il faut convenir que la *Poétique* d'Aristote est un excellent ouvrage; cependant il n'y a rien d'assez parfait pour régler toutes les nations et tous les siècles. Descartes et Gassendi ont découvert des vérités qu'Aristote ne connaissait pas.[45]

A quoi l'on peut ajouter cette réflexion de Charles Perrault: "On trouve toutes choses confusément dans ses ouvrages et l'on n'y trouve rien de bien et de bien précis."[46] Le même genre s'applique à Homère, autre pilier de l'antiquité, comme le suggère Saint-Evremond:

> Concluons que les poèmes d'Homère seront toujours des chefs-d'œuvres: non pas en tout des modèles. Ils formeront notre jugement et le jugement règlera la disposition des choses présentes.[47]

Cette perspective moderniste est plus accentuée chez Fénelon, qui écrit: "Les héros d'Homère ne ressemblent point à d'honnêtes gens et les dieux de ce poète sont fort au dessous de ses héros."[48] L'admiration inconditionnelle des anciens, si elle ne se tourne en une hostilité ouverte, devient prudente et mitigée. Le culte exclusif de l'antiquité, qui caractérise la critique dogmatique, cède progressivement devant celui des modernes. On ne se prosterne plus devant les anciens. Charles Perrault, dans son poème, intitulé à propos "Le Siècle de Louis le Grand," nous le fait savoir en ces termes: "La belle Antiquité fut toujours vénérable / Mais je ne crus jamais qu'elle fut adorable / Je vois les Anciens sans plier les genoux."[49] Comme dans les pièces de Racine, l'antiquité s'est mise au goût du jour; purifiée de ses éléments "barbares," édulcorée par les exigences de la bienséance, elle devient à peine reconnaissable. C'est une antiquité de cour et de salon qui, si elle a perdu certaines de ses aspérités, a aussi perdu de sa vigueur. A Aristote et Sénèque on préférera Horace et Ovide, surtout l'*Art d'aimer* de ce dernier.

Ce n'est pas notre propos de reprendre le procès de la *Querelle des Anciens et des modernes*, encore que l'ouvrage de Hubert

Gillot sur ce sujet mériterait d'être repris dans une perspective plus critique; en outre, datant de 1914, certaines de ses thèses sont dépassées ou exigent une mise à jour. Il est toutefois certain que cette querelle, comme celle d'Homère, se situe au centre même de la controverse opposant l'humanisme savant à l'humanisme mondain. Annonçant les "philosophes" par leur culte de la raison, les modernes, en tout cas ceux qui figurent aux barricades de ce mouvement, amorcent un virage important dans la critique. Si la critique dogmatique ne prêchait que par les règles, la critique mondaine ne croit que dans les qualités affectives et naturelles. Au doctrinarisme classique voit se succéder un rationalisme critique, à Mme Dacier et P. le Bossu, La Motte et Fontenelle.[50]

Mais la conséquence la plus importante de ce mouvement est d'avoir substitué le jugement du goût à l'autorité du "maître." C'est dorénavant au nom du bon sens que l'on rendra justice à une œuvre. "L'autorité," affirme Charles Perrault, "n'a de force présentement et n'en doit avoir que dans la théologie et la jurisprudence. Partout ailleurs la raison peut agir en souveraine et user de ses droits."[51] Cette opinion embrasse également le domaine sacro-saint des règles. Même Rapin, qui oscille sans cesse entre les anciens et les modernes, atteste ce changement d'optique. "Enfin," dit-il, "c'est par ces règles que tout devient juste, proportionné, naturel, car elles sont fondées sur la raison, plus que sur l'autorité et sur l'exemple."[52] On aurait donc tort d'assumer que les modernes rejettent *a priori* les règles; ce serait assurément un contre-sens. De fait, dans la dramaturgie, elles étaient observées sans qu'on songe à les mettre en question. Même La Motte les reconnaît: "C'est dans la nature de notre esprit qu'il faut chercher les règles. Elles n'on point été l'effet du caprice ni du hasard; on les a fondées d'abord sur l'expérience."[53] Ce qu'on cherche plutôt à réaliser, c'est intérioriser les règles en les rendant plus vraisemblables et plus adaptées aux goûts du public.

De la critique dogmatique à la critique mondaine, de la domination des doctes au règne de l'honnête homme, bien du chemin a été parcouru. Au contact de la société polie, la critique s'est assouplie et a rempli l'écart entre l'écrivain et son public. Affranchie de l'autorité d'une critique qui légiférait par le principe du *fiat*, les modernes entreprennent d'édifier une esthétique fondée sur le sens propre et sur le sentiment particulier, en d'autres termes, sur le goût.

V

LE BON GOUT

> Je ne vois rien de si rare ni qu'on doive tant rechercher que d'avoir du goût, et de l'avoir fin.
>
> Méré, *Discours de l'Esprit*
>
> Le Goût, présent de la Nature
> Est le seul arbitre du Beau
> Houdar de la Motte, *Ode à la duchesse du Maine*

Le goût ou le bon goût, ces deux termes étant d'habitude synonymes,[1] assume en France à partir de la seconde moitié du 17e siècle un rôle dont on ne saurait assez souligner l'importance. Tant par les discussions qu'il suscite dans les salons que par l'emploi de plus en plus fréquent de ce mot par les critiques, il signale une orientation nouvelle de la mentalité classsique. Au contact de la vie mondaine et des théories de l'honnêteté, le public cultivé se détache progressivement du culte des anciens et de l'influence des doctes. L'autorité d'Aristote et de ses commentateurs est en déclin; à l'érudit succède l'honnête homme, qui se fie plus à son jugement qu'aux "règles."

Il est difficile d'établir avec certitude l'origine de la notion du goût. Chez les Latins, *gustus* était généralement limité à la perception sensorielle.[2] Au Moyen Age, *goust, gouster, goustable*, se rencontrent toujours dans l'acception propre.[3] Si *goust* est parfois utilisé au 16e siècle dans le sens de "plaire, être agréable," c'est d'habitude l'idée d'approbation, comme dans l'expression "trouver goût à," qui l'emporte.[4] Notons, comme le suggère une fort intéressante étude, que le Cinquecento associe souvent *gusto, buon gusto* avec *giudizio* (jugement).[5] D'une façon générale le concept de goût garde son sens métaphorique du plaisir gustatif jusqu'au début du 17e siècle, lorsqu'il commence à se transformer en une notion critique.

C'est aux Espagnols, et à Baltasar Gracián en particulier, que l'on attribue l'introduction du concept de *bon goût* dans le vocabulaire esthétique.[6] Cette opinion semble avoir prévalu en France et en Italie dès la fin du 17e siècle. "Un choix délicat me réduit à peu de livres," déclare Saint-Evremond, "où je cherche plus le bon esprit que le bel esprit, et le bon goût, pour me servir de la façon de parler des Espagnols."[7] Au début du 17e siècle, le critique italien Trevisano fait mention "degli spagnuoli, più di ogni altro nelle metafore perspicaci che espresso il fatto con questo laconismo fecondo buon gusto."[8] C'est dans son *El Oraculo Manual y Arte de Prudencia* (1674) que Gracián aurait utilisé pour la première fois l'expression *gusto relevante*, qui sert de titre à l'une de ses maximes.[9] Amelot de la Houssaye, dans la version française, traduit cette expression par *goût fin* et la présente comme une faculté critique: "Le goût se cultive aussi bien que l'esprit . . . Les goûts se forment dans la conversation, et l'on hérite le goût d'autrui à force de le fréquenter."[10] L'on aurait pourtant tort d'exagérer l'importance de l'ouvrage de Gracián car l'emploi métaphorique de goût est attesté bien avant cette époque.

Guez de Balzac, dans une lettre à Boisrobert, l'utilise dans ce contexte. "Je ne saurais vous le dissimuler" avoue-t-il à son correspondant, "j'ai le même goût pour les vers que pour les melons."[11] Le terme *goût* reste proche ici du sens original de plaisir gustatif. Toutefois, dans une lettre à Chapelain Balzac recourt à la métaphore sans allusion expresse au monde sensitif: "A vous dire vrai, je ne trouve pas les stances de Mainard la plus excellente chose qu'il ait faite. Il y a des vers que je ne saurais goûter. Mais c'est peut-être que je n'ai pas le goût bon."[12] Pourtant chez Balzac le goût n'acquiert jamais la valeur d'un concept esthétique, ce qui explique que l'on ne trouve nulle part dans son œuvre le besoin d'en définir le sens ou la portée.[13]

C'est dans les salons, à partir de 1660, que s'amorce le débat sur le *goût*. Dans une lettre à Mme de Sévigné, Mme de Lafayette rapporte qu'au cours d'une après-midi chez Mme Gourville la conversation s'engagea "sur les personnes qui ont le goût au-dessus ou au-dessous de leur esprit," et que l'assemblée finit par se jeter "dans des subtilités où nous n'entendions plus rien."[14] D'autres témoignagnes confirment cette vogue. Méré s'excuse presque d'utiliser l'expression *bon goût*, alléguant que "si je veux m'expliquer, il faut bien que je me serve de ce mot dont tant de gens abusent" (*OC*, I, 55). Rapin observe à propos des anciens que "ce n'est qu'en les connaissant qu'on parvient à ce goût dont on dispute tant aujourd'hui."[15] "Tout le monde parle du goût et veut l'avoir bon," écrit François de Callières.[16] On pourrait allonger cette liste; elle ne ferait que confirmer une tendance qui ira s'accentuant. Le débat sur le goût prolonge et rejoint d'autres notions esthétiques dont la plupart, comme nous avons pu déjà le constater, trouvent leur origine dans le vocabulaire des salons.

Les définitions du goût ne manquent pas au 17e siècle. Nous avons nécessairement dû opérer une sélection. Au point de vue chronologique, celle que propose Méré semble être l'une des premières. Dans la *Quatrième Conversation* (1668), il déclare que le bon goût consiste à "juger bien de tout ce qui se présente par je ne sais quel sentiment qui va plus vite et quelquefois plus droit que les réflexions" (*OC*, I, 55). Cette définition offrant l'avantage de contenir les principales caractéristiques du goût, nous l'utiliserons comme modèle. Le goût est à l'origine un sentiment qui nous attire vers un objet ou une personne. Bien souvent la raison profonde de cette attirance nous échappe et nous serions même parfois en peine de la justifier. Le goût s'oppose en ceci au raisonnement, qui procède de manière déductive. Ceci explique d'autre part pourquoi le goût agit sans intermédiaire et touche directement l'essence de son objet. Aucun écran n'existe entre le sujet percevant et l'objet appréhendé. La réflexion, en revanche, s'organise à partir d'une chaîne de propositions dont chacune est liée à la précédente selon un processus logique. La lenteur de sa démarche est la rançon de ses exigences de rigueur et de certitude. Par contre, le goût perçoit comme par instinct la mesure de son objet; dans ce rapport d'affinité immédiat aucun jugement aprioristique n'entrave le processus en cours.

Le caractère affectif du goût est l'une des raisons pour laquelle il est si difficile d'en préciser la nature. Nous tombons ici dans un domaine où l'irrationnel joue un rôle prépondérant. François de Callières, dans le passage cité plus haut, observe: "Personne ne dit ce que c'est; peut-être même que c'est une de ces choses qu'on obscurcirait en voulant la définir. Il semble pourtant que le goût est un sentiment confus mais naturel de l'âme, qui la touche indépendamment de ses lumières." Il y a donc dans le goût un aspect paradoxal au sens où on en parle beaucoup sans arriver à épuiser son essence. La confusion qu'il crée est la résultante de l'impossibilité de l'objectiver. Si la raison discursive s'exerce de manière tangible sur des éléments vérifiables, le goût en revanche ne suit aucun ordre préconçu; essentiellement soumis aux stimuli qui le sollicitent, il *réagit* aux sensations plus qu'il ne cherche à les intégrer dans un discours logique.

Prenant comme exemple les enfants, Méré, après avoir noté qu'ils ont naturellement le goût bon, observe: "Je ne sais d'où cela vient, si ce n'est que par un instinct naturel ils vont d'abord à ce qui leur paraît le plus nécessaire, et que le reste les touche fort peu" (*OC*, I, 56). L'élément naturel, comme dans la définition de François de Callières, atteste le caractère spontané du goût qui ne s'embarrasse pas de raisonnements pour justifier son choix initial; la certitude qui le motive est liée à une conviction intérieure qui se confond avec un sixième sens. La Rochefoucauld n'a pas manqué de souligner cet aspect lorsqu'il écrit: "Il y en a qui, par une sorte d'instinct, dont ils ignorent la cause, décident de ce qui se présente à eux et prennent toujours le bon parti. Ceux-ci font paraître plus de goût que d'esprit."[17] Ces textes montrent la difficulté à préciser l'origine et la nature du goût; au mieux peut-on en décrire les modalités et les effets. Comment, en effet, définir un sentiment ou un instinct? Ces notions échappent à l'influence réductrice de la raison raisonnante. Comme l'agrément et la grâce, le goût est par sa nature même évasif et rebelle à toute définition. C'est ce qu'a fort bien saisi Morvan de Bellegarde qui observe à son propos:

> Quoiqu'on ait bien de la peine à déterminer en quoi il consiste, il ne faut pas croire qu'il ne dépende que de l'imagination ou de la fantaisie; c'est quelque chose de réel; c'est un je ne sais quoi que l'on sent, qui fait plaisir, et que l'on ne saurait définir nettement.[18]

Ainsi, le goût finit par prendre place dans le registre classique de l'indéfinissable. L'interrogation qu'il pose reste constamment ouverte aux spéculations. Comme le "je ne sais quoi" il ne cesse de défier les catégories de l'entendement. Sa vérité est un paradoxe devant lequel s'arrête notre discours, incapable qu'il est de pénétrer le domaine du fugitif et de l'insaisissable. Il existe en nous presqu'à notre insu, une force secrète qui se déploie selon ses propres motivations. Comme écrit Méré: "Je croirais aisément que c'est un sentiment intérieur peu connu, mais les effets en sont bien sensibles" (*OC*, II, 28).

A l'origine du goût nous découvrons un plaisir d'ordre esthétique qui se fonde sur un rapport naturel entre un sujet percevant et un objet.[19] Notre préférence individuelle, qu'elle se base sur un *a priori* conscient ou non, détermine la valeur que nous attribuons à un objet. "C'est par le goût," observe Morvan de Bellegarde, "que l'on juge des couleurs, des productions de l'art et de la nature; il nous sert de guide et nous conduit partout."[20] Ces affinités naturelles nous conduisent à juger une personne ou un objet d'après des critères essentiellement émotifs. Pascal en était conscient lorsqu'il affirmait que "Tout notre raisonnement se réduit à céder au sentiment" (Br. 274). Le jugement du goût ne ferait en réalité que rationaliser un choix affectif. La distance séparant l'impression initiale de la norme que finit par imposer le *bon* goût ne manifeste donc pas une différence de nature, mais de degré. La réflexion viserait alors à confirmer une réaction préalable sur laquelle il n'y a plus à revenir. Selon son degré de formalisation, on peut distinguer deux modalités du goût, l'une qui reste prisonnière du stimulus qui l'a déclenché, l'autre, qui s'efforce de comprendre les raisons qui ont motivé sa première impression. Une réflexion de La Rochefoucauld vient illustrer ce point:

LE BON GOUT

> Ce terme goût a diverses significations, et il est aisé de s'y méprendre: il y a différence entre le goût qui nous porte vers les choses, et le goût qui nous en fait connaître et discerner les qualités en s'attachant aux règles. On peut aimer la comédie sans avoir le goût assez fin et assez délicat pour en bien juger, et on peut avoir le goût assez bon pour bien juger de la comédie sans l'aimer.[21]

Le goût posséderait de la sorte un principe passif—le sentiment qui lui a donné naissance—et un principe actif—le jugement normatif qui s'efforce de rendre compte des qualités d'un objet sans y être affectivement engagé. C'est assurément le second de ses principes qui remplit le rôle d'une faculté critique. Le goût dépasse dans la seconde instance sa gangue affective pour s'élever au niveau d'un discours réflexif. Ce passage n'est réalisable que par l'intervention de la raison qui, en formalisant le choix initial, institue le goût comme valeur autonome.[22]

Il s'est constitué au 17e siècle, surtout durant la seconde moitié, ce qu'on pourrait appeler un impérialisme du goût, dont rend compte ici Morvan de Bellegarde: "C'est le bon goût qui embellit toutes choses, et les productions de l'art et de l'invention ne sont excellentes qu'à proportion que le goût y règne."[23] Le bon goût tend alors à s'institutionaliser en devenant une valeur universelle. Emblème et point de ralliement de l'honnête homme, il est la marque suprême d'un raffinement acquis et d'une appartenance sociale. Il est intrinsèquement lié à la société polie qui l'a vu naître et où il s'actualise. Ses édits ont force de loi, loi subtile, diffuse, mais contraignante. S'y soustraire, c'est courir le risque certain de se voir rejeté par une société empreinte de formalisme et dominée par le souci des convenances.

On peut, on doit alors parler d'une historicité du goût. Comme l'a justement remarqué un critique, "la première face du goût regarde l'appropriation de l'œuvre aux caractères locaux et momentanés de l'esprit public."[24] Au 17e siècle en particulier, le goût se confond non pas avec celui d'un individu, mais avec celui d'une collectivité, celle des "honnêtes gens."[25] La pensée classique postule un accord étroit entre l'esthétique et la société polie, celle-ci servant de sous-bassement à la première. Le goût, en effet, ne crée pas, mais sert de véhicule à une idéologie déjà en place; produit et non invention, son rôle est surtout de rendre témoignage des tendances esthétiques dominantes qu'il ne fait somme toute que cristalliser. Au départ, il y a une stimulation; le goût médiatise notre rapport au monde et laisse profiler derrière lui un système de valeurs dont les prémisses ne sont jamais contestées. Il serait par conséquent faux de parler d'une expérience pure et originelle du goût; concept mixe, à la fois sentiment et jugement, le goût est inséparable du milieu socio-historique où il se manifeste. Mikel Dufrenne remarque que ce conditionnement est à la racine de toute problématique du goût. "Le jugement de goût décide de ce que je préfère en vertu de ce que je suis."[26] Au 17e siècle, ce "je suis" renvoie à une idéologie aristocratique; le bon goût exprimerait alors une certaine conscience de classe, celle qui s'identifie avec la Cour et la Ville. Comme par l'idéal héroïque dont elle se targuait autrefois, la noblesse cherche maintenant à se distinguer par son bon goût et son savoir-vivre.

Le goût serait donc avant tout un phénomène social reflétant les préjugés esthétiques des *happy few*. En ce sens, il est de tendance nettement conservatrice, son principe étant la conformité à des valeurs établies. Nulle part n'est-ce plus apparent que dans ce passage de Laurent Bordelon:

La coutume fait les bienséances et les bienséances font ce qui plaît; et ainsi notre goût qui trouve bon ce qui est selon la bienséance, et qui trouve mauvais ce qui est contre, se règle donc par la coutume.[27]

On notera le rapport que le goût entretient avec les notions de bienséance et d'agrément. Tout finit par se lier et se recouper dans l'esthétique classique, chaque concept imbriquant ou renvoyant à un autre. Dans le cas du goût, ce qui est mis en évidence dans ce texte est sa source, son origine; "réglé" par la coutume et la bienséance, le goût exige une initiation, un travail d'apprentissage.[28] Il s'acquiert dès lors en fréquentant la société polie et mondaine, par la réflexion et l'observation des "bons modèles."

Il s'ensuit que le goût est un phénomène cumulatif et répétitif. Il enregistre, reçoit en dépôt, se constitue le creuset d'une tradition dont il est en même temps le véhicule. Prenant place dans un vaste processus d'acculturation, son rôle est passif en ce qu'il marque une sédimentation, non une prise de conscience nouvelle. Roger de Piles décrit le processus du goût comme "l'idée habituelle d'une chose, conçue comme la meilleure dans son genre,"[29] alors que Méré affirme qu'il faut "se faire du goût comme une science ou comme une habitude" (*OC*, II, 28). Si l'habitude en tant que processus répétitif consolide le goût, en contrepartie elle en réduit considérablement l'originalité et la portée esthétique, tout au moins dans le cadre d'une esthétique "productrice" et non pas simplement "réceptrice." Le goût est un sentiment majoritaire s'identifiant avec l'approbation d'un groupe privilégié.

Le bon goût renvoie à un modèle idéal, un peu à la manière d'une idée platonicienne. Puisqu'il y a un *bon* goût, il y a nécessairement un *mauvais* goût. L'important est de savoir comment distinguer l'un de l'autre. Aucune règle fixe et objective n'existe en ce domaine; le goût étant un concept relatif, il est impossible de lui assigner des paramètres absolus. C'est dans une *praxis* mondaine et non pas dans un texte, le vivant s'opposant à l'écriture, que le goût se forme. Rapin écrit: "C'est dans la pratique exacte des bienséances et dans l'idée qu'on s'en fait, que consiste le bon goût."[30] Et pour Méré, on se forme le goût "en s'exerçant très tôt à juger du bon air et à imiter ceux qui ont le goût excellent" (*OC*, II, 128). L'affinement du goût dépendant d'une pratique et non d'un savoir acquis, il témoigne de ses attaches étroites avec la société polie. Fondamentalement, se connaître aux bienséances équivaut à avoir le goût bon; or, la transmission du code mondain s'effectue de façon surtout orale. C'est pourquoi la notion de bon goût ne peut se concevoir en dehors d'une société qui en représente à la fois le véhicule et le réceptacle.

Un certain nombre de conclusions peuvent se dégager de ce qui précède. En premier lieu, l'insistance sur le goût entraîne la soumission de l'écrivain à son public. On découvre un rapport de causalité entre les exigences du goût et celles de l'art de plaire. Rendant hommage au public pour l'accueil qu'il a fait à son œuvre, Boileau lui adresse ce compliment: "Je ne saurais attribuer un si heureux succès qu'au soin que j'ai pris de me conformer toujours à ses sentiments, et d'attraper, autant qu'il m'a été possible, son goût en toutes choses."[31] Ce texte et celui de Méré cité plus haut montrent que l'idée du goût est étroitement liée à celle d'imitation et de conformité. Qu'il imite les bons modèles ou se plie aux aspirations de son public, l'écrivain modèle son écriture d'après un schéma et des contours préétablis. Le goût exige plus un effort de *re*-connaissance que de connaissance; l'essentiel, en effet, est de s'identifier avec un donné extérieur. Les usages en vigueur à la Cour ou à la Ville constituent à cet égard des poncifs, des signes univoques du goût régnant. Dans une société où la littérature est inséparable des mœurs, l'écrivain devient un témoin et un porte-parole.

A cette conclusion s'en ajoute une autre, non moins importante. La littérature classique s'occupant surtout de l'universel, le goût qui cristallise ses aspirations le sera nécessairement aussi. Centrée sur elle-même, consciente de son génie et de l'admiration qu'elle suscite, la société de Louis XIV se contemple comme une perfection inégalée. Son goût ne fait alors que rejoindre et corroborer cette aspiration à l'universalité. Comme écrit Frain de Tremblay: "Cette idée de bon goût doit paraître d'autant plus vraie qu'elle ne saurait changer . . . Le goût de l'esprit doit être immuable comme l'esprit qui est immortel, comme la vérité qui demeure éternellement."[32] Le goût classique s'accorde ainsi avec l'idée d'une permanence des valeurs. En tant que concept esthétique, il transmet un système ordonné et clos qui postule l'invariabilité de la nature humaine. Malgré ses liens avec les bienséances mondaines, la notion de bon goût s'enracine dans une philosophie profondément idéaliste.

La notion de goût commande dès lors une double postulation: un contexte historique défini, et une sensibilité esthétique. D'un côté, une conscience située, de l'autre, un monde d'objets. Le goût ne peut donc se comprendre qu'au sein d'un rapport de médiation entre un sujet connaissant et un objet-*percipi*. Si l'on se place du point de vue de la conscience comme mode constitutif et fondateur, c'est au sujet que revient la priorité dans l'acte de perception, comme le note ici Mikel Dufrenne: "Les goûts esthétiques expriment la réaction de la nature à l'objet esthétique; ils supposent que je sois plus attentif à moi qu'à l'objet, et d'abord à mon plaisir, car ils se mesurent au plaisir que je trouve à l'expérience esthétique."[33] Ce passage confirme ce que nous affirmions plus haut concernant l'origine émotive du goût; au départ, il y a le plaisir, qui se fonde sur un stimulus d'ordre visuel ou sensoriel. Certes, tel objet nous force plus à réagir que tel autre en vertu des affinités que nous ressentons avec lui. La nature exacte de ce rapport reste difficile à préciser, car il met en place un jugement subjectif et un contexte socio-culturel qui en constitue l'arrière-fond nécessaire. De même qu'on ne peut parler de perception pure, de même le goût ne saurait se concevoir comme un idéal détaché de ses déterminants. Chaque époque a son goût, et celui du Grand Siècle est bien différent de celui de la période romantique.

Pour résumer l'essentiel de ce qui précède, citons cet extrait tiré de *La Manière de bien penser dans les ouvrages d'esprit* (1687) du P. Bouhours:

> Le goût est un sentiment naturel qui tient à l'âme, et qui est indépendant de toutes les sciences qu'on peut acquérir; le goût n'est autre chose qu'un certain rapport qui se trouve entre l'esprit et les objets qu'on lui présente; enfin, le bon goût est le premier mouvement, ou, pour ainsi dire, une espèce d'instinct de la droite raison qui l'entraîne avec rapidité et qui la conduit plus surement que tous les raisonnements qu'on pourrait faire.[34]

Ce texte souligne trois aspects essentiels du goût: son autonomie comme faculté critique (s'opposant au processus logico-discursif), son mode transitif (dans son rapport de médiation sujet-objet), et l'originalité de sa démarche (analogue à l'intuition). Le premier aspect a été critiqué par Frain de Tremblay qui objecte que le goût n'est pas indépendant d'influences extérieures, car, dit-il, "le plus beau naturel du monde n'aura jamais un goût parfait sans la culture des sciences et des arts."[35] En fait, les classiques ne nieront jamais l'influence des facteurs extérieurs sur le goût. A notre sens, le texte de Bouhours vise plus une différence dans le *modus operandi* du goût que son cloisonnement social. La seconde définition tend à informer cette interprétation, puisqu'elle fait état d'un *rapport* liant la perception du goût à l'objet qui se situe dans son champ. On pourrait invoquer d'autres textes à l'appui. François de Callières observe à propos du goût que "ce sentiment est causé par le rapport qui se trouve entre l'imagination ou les sens et les objets qu'on lui présente."[36] La similitude entre ce passage et celui de Bouhours est frappante; tous deux conçoivent le goût dans une perspective phénoménologique, l'objet visé étant en quelque sorte "rempli" par la conscience du sujet qui y retrouve ce qu'en fait elle y cherchait. La définition qui termine l'extrait de Bouhours, qui n'est pas sans rappeler celle de Méré, est particulièrement révélatrice, non seulement à cause de son énoncé, mais parce qu'elle s'inscrit dans une mosaïque de définitions sur le goût qui finissent par converger dans une même direction. On semble se trouver en face d'un accord explicite des écrivains concernant ce concept. Il ne nous intéresse pas ici de poser le problème des influences, problème difficile à résoudre et qui n'aboutirait du reste à rien de conclusif. Toutefois, la convergence et la similitude de nombre de ces définitions pose un intéressant cas d'intertextualité, chaque texte absorbant et développant un autre. Les termes utilisés, s'ils ne sont pas identiques, se chevauchent comme autant de synonymes. Ainsi, chez Méré et Bouhours, instinct se substitue à sentiment et raisonnement à réflexion. Bouhours ajoute néanmoins un aspect nouveau en décrivant le goût comme "une espèce d'instinct de la droite raison," alliant des termes qui, en apparence du moins, pourraient sembler contradictoires. En fait, il n'en est rien, "raison" désignant ici non un processus déductif mais une évidence intuitive.

Le dualisme du goût est mis en évidence dans la préface du *Recueil de poésies chrétiennes et diverses* (1671), que l'on avait d'abord cru être de La Fontaine, mais qui vient récemment d'être attribué à Pierre Nicole:[37]

Il ne faut pas seulement concevoir par des raisonnements abstraits et métaphysiques en quoi consiste la beauté des vers, il la faut sentir et la comprendre tout d'un coup, et en avoir une idée si vive et si forte qu'elle nous fasse rejeter sans hésiter tout ce qui n'y répond pas. Cette idée et cette impression vive, qui s'appelle sentiment ou goût, est tout autrement subtile que toutes les règles du monde.[38]

Ce texte, qui fait écho à celui de Pascal sur l'esprit de finesse et l'esprit de géométrie, nous situe d'emblée dans le débat opposant la subjectivité du goût à l'objectivité des règles. Nicole ne rejette pas *a priori* la méthode discursive, mais la place en seconde position, le sentiment esthétique se situant à la source même du travail de déchiffrage. Liant la compréhension d'un texte à la sensation immédiate que nous en avons, Nicole affirme d'emblée la prééminence de l'intuition sur la réflexion. "Cette idée et impression vive" saisit l'essence de son objet d'une seule vue, rien ne venant s'y interposer. Aussi est-elle plus "subtile" que toute autre démarche; une et indivisible, elle rejette comme par instinct tout ce qui pourrait diminuer l'acuité de sa perception. Cette capacité intérieure, qui n'implique aucune connaissance préalable, s'institue comme fondement premier du jugement esthétique, le raisonnement ne faisant qu'y suppléer.

Houdart de la Motte soulève la même question dans un contexte plus philosophique:

> Il se trouve deux sortes de jugements dans les hommes: les uns ne connaissent le vrai que dans les discussions; les autres le sentent sans ce secours. Les premiers ne choisissent ou ne rejettent une idée qu'après l'avoir examinée dans tous les sens; et cette manière de juger, quoique la plus sûre, nuit presque toujours par sa lenteur à l'agrément, parce qu'elle laisse refroidir l'imagination qui en est l'unique source; les seconds, par des raisonnements soudains, qu'ils auraient même de la peine à développer s'il fallait en rendre compte, embrassent d'une seule vue les défauts et les beautés des choses; et c'est cette sorte de jugement qu'on appelle goût.[39]

A l'encontre d'écrivains comme Bouhours et Méré, La Motte accorde sa préférence à la démarche rationnelle, qu'il estime "plus sûre," plutôt qu'au goût, celle-ci pouvant difficilement rendre compte de ses raisons. Sa critique, à tendance nettement rationaliste, cherche à restreindre l'importance de l'aspect émotif d'une œuvre au profit de son caractère intellectuel. Ami de Fontenelle, La Motte se rattache plus au 18e siècle qu'au classicisme par son amour des idées et de l'analyse. Le goût ne saurait pour lui constituer un mode de connaissance autonome et se suffisant en lui-même à moins qu'il ne se soumette à la raison déductive. Comme il écrit dans une ode adressée à la duchesse du Maine, intitulée *Le Goût*:

> Cependant, aveugle ignorance,
> Du vrai goût ne te flatte pas;
> Le raisonnement qu'il devance,
> Doit de près marcher sur ses pas.
> Soumis au joug légitime
> Il faut qu'il féconde ou réprime
> De trop promptes impressions.[40]

Le discours logique agit comme moyen de censure et de contrôle. Sa fonction est d'éviter que le goût ne reste prisonnier de la sensation pure et n'excède les normes imposées par la raison. Notons que la raison pour La Motte possède un sens différent des classiques pour qui elle s'identifie à des vérités générales et des principes absolus; chez lui, au contraire, elle signifie la raison critique, individuelle, ennemie des préjugés et de l'opinion du plus grand nombre, celle qui, en d'autres mots, caractérise le philosophe.[41]

La raison au 17e siècle se confond avec une idée générale, un modèle de perfection toujours postulé mais jamais clairement défini. On se rappellera le conseil de Boileau: "Aimez donc la raison. Que toujours vos écrits / Empruntent d'elle seule et leur lustre et leur prix" (*AP*, I, 37-38). Dans un pénétrant commentaire de ce passage, Jules Brody suggère qu'il faut interpréter le terme *raison*, et son synonyme *bon sens*, comme procédant plus d'une sensibilité affinée par le goût que d'exigences logiques.[42] Cette opinion nous semble d'autant plus valable qu'elle est corroborée par d'autres textes. Les *Dictionnaires* de Richelet et de l'Académie donnent "bon sens" et "jugement" comme synonymes de "raison," lui conférant un sens axiomatique. La raison est une faculté de discrimination impliquant un sens inné de ce qui est juste, droit et bon. Jugement qualifié, la raison s'insère *a priori* dans un code, un système de valeurs constitué. Loin d'être une notion purement abstraite, elle signale déjà une direction à prendre, un certain plan. Si ce terme paraît flou pour certains, et à juste titre, c'est qu'il est essentiellement plurivoque et fait partie d'un champ sémantique flottant. De surcroît, son interchangeabilité complique encore les tentatives pour résoudre sa nature. Deux exemples suffiront pour prouver ce point. François de Callières, opposant ce concept à l'inspiration, écrit: "L'imagination est bien différente de l'esprit; c'est-à-dire de la raison et du bon sens; car ces trois choses expriment une même chose."[43] Et dans une lettre datée du 21 décembre 1678, Bussy-Rabutin déclare: "Nous croyons que le bon sens, la raison et le bon esprit représentent la même chose."[44] Que conclure de tout ceci? Tout d'abord, la raison classique est inséparable d'un jugement et d'un projet initial; il suffit de se rappeler que pour Boileau "La raison pour marcher n'a souvent qu'une voie" (*AP*, I, 48) pour se convaincre que son chemin est déjà tracé. Une définition de la raison implique donc un effort pour saisir en quoi consiste le bon sens. Or, ce concept est trop lié à un contexte social pour qu'il soit possible de le définir *in abstracto*. Son manque d'objectivité le rend opaque; quel est ce "sens" qui doit nous guider sur le droit chemin? Quel est le référent de cette raison-bon sens? Nous tombons ici dans un domaine confus où différents niveaux se superposent et se rejoignent; de l'esthétique au social la distance est souvent bien ténue. Ce que l'on souhaiterait clair, dénotatif et objectal, reste enfoui dans les méandres du "je ne sais quoi."

Ces réflexions s'appliquent particulièrement au goût, qui s'insère dans ce même champ sémantique *ouvert*. Le P. Rapin fait observer "qu'il semble que le goût du siècle commence à se perfectionner, et qu'en toutes choses nous allons assez au bon sens."[45] La convergence de ces textes est frappante; aussi le principe d'intertextualité acquiert-il ici une valeur exemplaire. Son commun dénominateur est l'énoncé de Boileau selon lequel "Tout doit tendre au bon sens" (*AP*, I, 45). Si l'aspiration au bon sens n'est pas l'unique critère du beau pour les classiques, il est certes l'un des plus importants et celui à partir duquel se fondent les autres. Au principe d'intertextualité s'ajoute celui de réciprocité, nombre de ces notions s'interpénétrant. Il existe donc une contiguïté étroite entre le domaine de l'art et celui de l'écriture. Pour Roger de Piles, "les choses peuvent être appelées de bon ou de mauvais goût à mesure qu'elles contiennent ou qu'elles s'éloignent des beautés que l'art, le bon sens, et l'approbation de plusieurs siècles ont établies."[46] La notion de bon sens impose à la création un caractère conventionnel et imitatif. En effet, se demandera-t-on, qu'est-ce que le bon sens sinon la voix de la majorité et du goût commun? Quoi de plus opposé au bon sens que le particulier et l'individuel? Au bon sens se lie toujours une tradition étayée par l'usage et la conformité à des valeurs éprouvées. Suivre le bon sens, c'est reconnaître la primauté de la voie moyenne sur les tentatives innovatrices. En un mot, c'est se tourner vers l'institutionnel et l'académique.

Le goût fonctionne comme un concept-réceptacle qui sert de relais entre une parole sociale et un sentiment individuel. René Bray affirme dès lors que "Le bon goût n'est que le bon sens dans sa fonction critique."[47] Ce en quoi il fait écho à La Bruyère qui écrivait: "Entre le bon sens et le bon goût, il y a la différence de la cause et de son effet."[48] Actualisant le bon sens dans des jugements critiques, la fonction du goût est de définir un périmètre pour l'artiste ou l'écrivain. Concept normatif, forcément restrictif, il assigne à la beauté un modèle fondé sur la poursuite de la justesse et de l'équilibre. Eloigné de tout excès, il célèbre le triomphe du rationalisme et de la civilité; en lui se reconnaissent les qualités de l'honnête homme qui juge la passion incontrôlée une menace à son idéal esthétique. Morvan de Bellegarde résume admirablement cette aspiration:

> Je crois que le goût est exquis quand il est réglé par la raison et que ceux qui ne suivent que leur inclination pour guide ont d'ordinaire le goût mauvais, parce qu'ils ressemblent en quelque manière aux bêtes, qui n'agissent que par instinct et par tempérament. Le bon goût est l'effet d'une raison droite et éclairée qui prend toujours le bon parti dans les choses douteuses et équivoques.[49]

Ce texte montre que pour les classiques le goût ne peut d'aucune manière se réduire à la sensation qui l'a provoquée ni être conçu comme un simple instinct; il exige *en plus* une faculté capable de le diriger en lui imposant un ordre de valeurs. Le goût consiste en un sentiment *éduqué* par la raison. Et, comme le suggèrent les épithètes "droit" et "éclairé," il ne s'agit pas de n'importe quelle raison, mais d'une raison prédéterminée qui a pour fonction d'expliciter et de justifier le goût-instinct en l'élevant au niveau d'un outil critique. Cette exigence se trouve confirmée par François de Callières: "Mais quoiqu'on veuille entendre par le goût," affirme-t-il, "il faut demeurer d'accord qu'on ne peut l'avoir bon qu'autant qu'il s'accorde avec la raison et qu'il la suive de près."[50] Déclaration emphatique qui ne fait que renforcer le sentiment que pour les classiques l'ordre et la mesure sont les conditions premières de l'objet esthétique.

L'une des conséquences de l'accent mis sur la raison dans la formation du goût est d'apparenter ce dernier au jugement. Celui qui a du goût juge vite et bien sans devoir recourir à des explications superflues. Ce jugement lui fait directement percevoir la nature de l'objet. C'est l'un des privilèges de l'honnête homme que de sentir comme par instinct la beauté d'une œuvre en ignorant les règles. Ce qui le rend supérieur au docte, qui raisonne de tout, est l'acuité de son jugement. Aucune connaissance livresque n'est requise, le don de "bien voir" se substituant au savoir formalisé. L'usage du monde et la réflexion naturelle suffisent à justifier sa démarche. La coïncidence du goût avec le jugement n'a pas échappé aux contemporains. La Rochefoucauld observe que "Le bon goût vient plus du jugement que de l'esprit."[51] Les deux principaux *Dictionnaires* de l'époque s'accordent, celui de Richelet définissant l'homme de bon ou de mauvais goût comme "celui qui juge bien ou mal des choses" et celui de l'Académie assimilant le goût avec "la finesse du jugement."

La question des rapports entre le sentiment et le jugement dans la formation du goût est complexe et touche au problème même de la constitution de l'objet esthétique. Pour l'élucider, il faut distinguer l'essence du concept de son *modus operandi*. Frain de Tremblay propose une interprétation qui va dans ce sens:

> Le goût et le jugement ne sont en effet qu'une même chose, une même disposition, une même habitude de l'âme, à laquelle on donne différents noms selon les différentes manières qu'elle prend pour agir. On l'appelle goût quand elle agit par sentiment et à la première impression des objets; on l'appelle jugement quand elle agit par raisonnements et après avoir examiné les ouvrages sur les règles de l'art et par les lumières de la vérité.[52]

En fait, Frain de Tremblay, dont l'œuvre se situe entre le 17e et le 18e siècle, s'écarte de la conception que les classiques se font du goût en identifiant le jugement avec la raison déductive. En effet, comme nous l'avons vu, le concept de jugement au 17e siècle est moins restrictif et s'assimile avec la raison intuitive. Pour un classique, juger s'apparente plus à une faculté cognitive qu'à une démarche logique; comprendre équivaut à "bien voir." Frain de Tremblay conçoit le goût comme un sentiment surtout passif, incapable par lui-même d'accéder aux "lumières de la vérité," domaine privilégié de la raison démonstrative.

Plus loin, l'auteur reprend cette distinction non sans témoigner d'un certain amour de la formule frappante:

> L'on peut dire que le goût est le jugement de la nature et que le jugement est le goût de la raison. Les personnes qui ont plus de sens que de science jugent par sentiment; et celles qui joignent la science au bon sens jugent par raisonnement. Mais s'il est vrai que le goût soit le jugement de la nature et que le jugement soit le goût de la raison,

il faut que le sentiment de la nature, pour être bon et juste, puisse devenir un véritable jugement de la raison par l'examen et les réflexions.[53]

Ce texte soulève un certain nombre de problèmes. La manière dont l'auteur utilise et intervertit les concepts peut en effet prêter à confusion. Tout d'abord, dans la mesure où le jugement se confond avec le raisonnement, il est erroné d'affirmer que le goût est "le jugement de la nature," car la nature ne raisonne pas. Ce genre de formule, aussi séduisante paraisse-t-elle, ne sert qu'à brouiller le problème. Par contre, il est plus exact d'affirmer que le jugement est "le goût de la raison" pour autant que goût s'identifie avec le sentiment. "Science" s'apparente ici avec un savoir constitué, fondé non pas sur le sentiment inné de ce qu'est un objet, mais sur l'analyse de ses conditions d'apparition. On peut en outre se demander ce que l'auteur entend par "bon sens" qui, chez les classiques, s'assimile à la raison et au jugement. Ce texte montre que pour Frain de Tremblay le goût acquiert une dimension de plus en plus rationnelle à mesure que l'on s'éloigne du classicisme.

Le goût classique relève au contraire d'un sentiment esthétique quasi inné qui procède par une connaissance intime de son objet. Il s'agit moins de la concevoir intellectuellement que de *sentir* son point d'accomplissement. Cette démarche s'apparente, *mutatis mutandis*, à la réduction éidétique husserlienne; ce qui est visé, c'est le *substratum* de l'étant, son universel concret. Un des textes les plus significatifs à cet égard est celui de La Bruyère, souvent cité mais dont on n'a pas à notre sens suffisamment relevé la portée:

Il y a dans l'art un point de perfection, comme de bonté ou de maturité dans la nature. Celui qui le sent et qui l'aime a le goût parfait; celui qui ne le sent pas, et qui aime en deçà ou au-delà, a le goût défectueux.[54]

On pourrait épiloguer longtemps sur ce texte tant il est représentatif d'une tendance fondamentale de l'esthétique classique. D'abord, il manifeste une croyance quasi obsessionnelle en des essences immuables et impérissables, dont le monde des objets ne serait qu'un pâle reflet. L'idéal d'un "point de perfection" rejoint, à la manière d'une idée platonicienne, le présupposé idéaliste de l'esthétique classique selon lequel l'œuvre doit coïncider avec une essence supérieure pour atteindre sa plénitude.

Le "point de bonté ou de maturité" constituerait à ce moment un point limité qu'il est impossible de franchir, celui où l'objet se révèle en pleine lumière. Il s'identifie d'autre part avec un équilibre parfait des composantes de l'œuvre; ou encore avec ce que les classiques appellent sa "justesse." Avoir le goût *bon*, c'est être capable de saisir ce centre privilégié où toutes les parties d'un objet sont harmonieusement rassemblées. Il s'agit alors de ne faire qu'un avec l'objet, en coïncidant avec son principe originel.

Ce besoin de réaliser un équilibre parfait entre la conscience du sujet et un modèle idéal a également été souligné par Pascal dans un autre texte célèbre:

> Il y a un certain modèle d'agrément et de beauté qui consiste en un certain rapport entre notre nature faible ou forte telle qu'elle est et la chose qui nous plaît . . . Tout ce qui n'est pas fait sur ce modèle déplaît à ceux qui ont le goût bon. (BR., 32)

Il est significatif que dans chacun de ces textes c'est le goût qui est invoqué comme mode de perception. Cela indique de façon non équivoque que le domaine de l'agrément et de la beauté échappe aux facultés de l'entendement. De même, ce point de perfection ou ce modèle ne peuvent être saisis que dans un *rapport* entre une subjectivité et une projection idéalisée. Cette approche est radicalement différente de celle préconisée par la critique dogmatique, qui postule d'emblée son objet à partir d'un système poétique déjà en place. Au contraire, pour quelqu'un comme Méré, c'est le plaisir que communique un objet qui est à l'origine du bon goût. Dans cette autre définition du concept, il écrit: "le bon goût consiste à sentir à quel point sont les choses qui doivent plaire, et à préférer les excellentes aux médiocres" (*OC*, II, 29). La théorie du goût et l'art de plaire ont dès lors partie liée et finissent par coïncider dans le même projet esthétique.

Malgré les multiples différences les séparant, il existe entre Méré et Pascal un certain nombre de points d'accord. Sans vouloir poser la question des influences, toujours difficile à résoudre et qui se révèle d'habitude assez problématique, on ne peut nier l'analogie entre le bon goût tel que le conçoit Méré et l'esprit de finesse pascalien.[55] Prenons, par exemple, le passage où Pascal discute les "choses de finesse":

On les sent plutôt qu'on ne les voit, et on a des peines infinies à les faire sentir à ceux qui ne les sentent pas eux-mêmes. Ce sont ces choses tellement délicates, et si nombreuses, qu'il faut un sens bien délicat et bien net pour les sentir et juger droit et juste ... Il faut tout à coup voir la chose d'un seul regard et non pas par degrés de raisonnements. (Br., 1)

Ce "sens bien délicat et bien net" qui juge les choses d'une manière "droite et juste," qu'est-ce sinon le goût selon Méré? L'esprit de finesse et le goût se caractérisent par leur caractère immédiat et englobant. En outre, ils s'opposent à la démarche déductive par un regard qui pénètre son objet "tout à coup sans dépendre d'aucun stade intermédiaire." Cette similitude de vues n'a pas échappé aux critiques. Léon Brunschvicg affirme que "Méré assimile le bon goût à ce que Pascal appelle le sentiment,"[56] alors que d'après Jules Brody "le goût serait la forme que revêt l'esprit de finesse s'appliquant à des jugements d'ordre esthétique."[57] L'esprit de finesse embrasse un domaine plus vaste que le goût, qui se trouve plus étroitement lié à des présupposés mondains, à une sensibilité littéraire et artistique affinée par le bon usage. En revanche, l'esprit de finesse s'oriente plus vers l'épistémologie et la réflexion philosophique. Le goût serait alors une sous-classe ou une variante de l'esprit de finesse.

L'étroitesse du goût provient de ce qu'il est limité dans ses objectifs. Inséparable de la *praxis* mondaine, il ne se conçoit pas en dehors du champ de préoccupations habituel de l'honnête homme. C'est pourquoi il est indissolublement lié à un processus d'acculturation qui s'actualise par le contact avec la société polie. Comme écrit Méré:

Le goût vient d'une connaissance exquise et juste à juger du bien et du mal pour toute sorte de bienséance et d'agrément, et qui que ce soit ne peut avoir cette connaissance bien parfaite sans se l'être acquise avec beaucoup de peine et de réflexions.[58]

Le bon goût n'est donc pas une notion innée, un simple don de la nature, mais doit se cultiver et s'affiner par l'expérience et la réflexion. Il va sans dire que nul ne songerait à conférer cette qualité au "vulgaire," tant est que le bon goût est par excellence le domaine privilégié des "honnêtes gens." Concept aristocratique, le bon goût est forcément un concept normatif dont l'une des fonctions est d'établir les critères du bienséant et de l'agréable; la raison déductive étant incapable de *sentir* le point de maturité de ces concepts, c'est au bon goût, ainsi que le note Méré, qu'incombe cette responsabilité:

> Car je prends garde que ceux qui s'attachent fort aux règles n'ont que bien peu de goût et c'est pourtant le bon goût qui doit faire les bonnes règles pour tout ce qui regarde la bienséance.[59]

L'accent sur les rapports entre la bienséance et le goût atteste combien ce dernier reflète les présupposés de la société polie. En l'opposant aux règles, Méré fait du goût l'instrument d'une connaissance supérieure qui échappe à l'emprise de la raison logique.

Cette tendance à privilégier le goût sur les autres modes de connaissance conduit, par la force même des choses, à instituer ce qu'on pourrait appeler un impérialisme du goût. Faut-il interpréter cette tendance comme une réaction contre les règles et la domination des doctes? S'il y a une part de vrai dans une telle hypothèse, elle ne peut toutefois être considérée comme absolue. Ce serait plutôt que la nature et le *modus operandi* du goût répondent mieux aux priorités de la société polie, moins occupée de doctrine que d'agréments. Les exigences mondaines déterminent plus les critères esthétiques, comme l'indique clairement cette réflexion de Méré:

> On voit beaucoup plus de gens de bon esprit que de bon goût; et j'en connais qui savent tout et qu'on ne saurait pourtant mettre dans le sentiment de ce qui sied bien. J'en connais aussi dont le raisonnement ne s'étend pas loin et qui ne laissent pas de pénétrer subtilement la bienséance. (*OC*, II, 128)

Pour bien comprendre ce passage, il faut d'abord préciser le sens du mot *esprit*, vocable qui se laisse difficilement cerner au 17e siècle. De manière générale, il décrit l'activité intellectuelle; toutefois, il revêt une acception plus restreinte dans le vocabulaire mondain; il signifie alors "cette faculté de présenter des rapprochements originaux et plaisants entre les choses."[60] C'est la définition même du *bel esprit*, auquel le P. Bouhours a consacré un chapitre dans ses *Entretiens d'Ariste et d'Eugène*. Le développement de ce passage souligne ce dualisme si caractéristique de la pensée mondaine entre la raison formelle et le sentiment du goût. D'un côté, les connaissances acquises (l'érudition) et le discours logique, de l'autre, les facultés affectives liées au discernement et à l'intuition. Considérant alors le rôle capital de la bienséance dans les rapports sociaux où elle sert d'étalon, il découle que la priorité revient de droit au goût, seul capable d'en saisir les multiples variations et résonances.

L'impérialisme du goût se manifeste d'un autre côté par le caractère exclusif, sinon parfois arbitraire, des jugements auxquels il donne lieu. Le critique mondain, ayant rejeté toutes attaches doctrinales, s'en remet totalement à ses impressions subjectives. Il suffit qu'une œuvre ne lui plaise pas pour qu'il lui trouve des défauts et l'écarte. De là parfois son intransigeance et son étroitesse d'esprit. Indépendamment de ses qualités formelles, il faut d'abord qu'une œuvre communique un effet favorable, qu'elle agrée, pour qu'elle soit acceptée et reconnue par le public des "honnêtes gens." Ne se fondant sur aucun critère objectif, ce genre de critique sera d'autant plus valable que le goût du critique sera vif et développé. Le goût de Boileau n'était assurément pas partagé par tous les critiques de son temps. Méré est un bon exemple d'une critique qu'on peut qualifier d'impresionniste. "Pour moi qui n'estime les choses que par mon goût,"[61] déclare-t-il dans une lettre, et dans une autre: "Je ne juge de l'éloquence que par mon goût et ne l'estime qu'autant qu'elle me plaît."[62] Pour Méré et la plupart des écrivains mondains l'objet esthétique est intrinsèquement lié au plaisir qu'il communique; aucune considération doctrinale n'intervient pour faire dévier ce jugement initial. Cette approche hédoniste diffère radicalement de la dogmatique des règles à tendance aprioristique. Pour l'écrivain mondain l'écriture est un plaisir, un divertissement qui prolonge les conversations de salon, non une vocation ou une interrogation sur le langage. S'il aime lire, c'est surtout pour l'agrément qu'il espère en retirer; non pour transformer son être ou acquérir une nouvelle sagesse.

La fonction du goût est alors de fonder un rapport d'équilibre avec l'objet esthétique, celui-ci devant se plier aux mêmes critères que ceux qui gouvernent l'honnête homme. Le goût tempère, recherche les voies moyennes, condamne l'excès et la démesure. Il n'y a pas à s'étonner si la littérature qui se plie à ces conditions est bien pensante et inféodée à l'idéologie au pouvoir. Moins qu'une création originale, elle s'efforce d'être le reflet fidèle des valeurs sociales qu'elle transpose et cherche à promouvoir. C'est pourquoi elle s'oppose à l'imagination, à la fantaisie, en somme, à tout ce qui pourrait contrevenir aux bienséances; littérature de classe, elle se destine à ceux qui partagent un même goût: celui de la modération, de l'acquiescement, et du bon ton. Comme l'observe justement un critique, "le goût est un langage de la sensibilité esthétique adopté en commun par un milieu de connaisseurs."[63] En imposant à l'écrivain des cadres plus ou moins fixes, le goût exerce une influence modératrice, empêche les détours soudains et les tentatives d'avant-garde. Ne l'oublions pas, pour l'écrivain mondain il s'agit avant tout d'être honnête, l'écriture n'étant rien de plus qu'une agréable conversation entre gens cultivés et délicats.

On connaît la réponse d'Horace à la question de savoir s'il faut disputer le goût: *De gustibus non disputandum est*. Les classiques ont adopté une attitude toute opposée, ce qui a conduit aux nombreuses discussions sur ce concept. "Il y a un bon et un mauvais goût," déclare La Bruyère, "et l'on dispute des goûts avec fondements."[64] Et d'après Morvan de Bellegarde, "il est très assuré qu'il y a un bon et un mauvais goût, et ce serait un grand service aux gens que de leur faire sentir cette différence."[65] Peu d'auteurs se sont pourtant aventurés sur cette voie glissante; définir en quoi consiste le bon goût, non pas son mode opératoire mais son essence profonde, est un projet aussi ambitieux qu'illusoire. C'est un peu comme chercher à définir le "je-ne-sais-quoi." On s'y est pourtant essayé. La description qui à notre sens rend le mieux justice au contenu du goût est celle de François de Callières:

On n'est de bon goût que lorsqu'on n'aime rien qui ne soit vrai, naturel et juste. Tout ce qui est faux ou confus, qui n'a ni clarté ni raison, est mauvais et doit être trouvé mauvais si l'on n'est pas de mauvais goût.[66]

Ce texte rassemble à lui seul les concepts fondamentaux de l'esthétique classique; discuter chacun d'eux exigerait un développement long et complexe qui nous écarterait de notre propos immédiat. Il importe cependant de noter que les valeurs que postule le goût restreignent considérablement son champ d'action. Le clair, le juste et le raisonnable visent en effet à tempérer la création en lui assignant des limites qui, si elles ne sont pas explicitement posées, sont néanmoins "senties" par l'écrivain. Le goût exprime donc les valeurs dominantes de l'esthétique classique en même temps qu'il se constitue comme concept critique autonome. Il fonde d'autre part ce que Jean Segon appelle "une esthétique dans laquelle cette chose indéfinissable qu'on appelle le goût occuperait le premier plan."[67] Le goût se situe dès lors au point de jonction où une sensibilité particulière rejoint un réseau d'exigences imposé par la coutume et l'usage. Individuel et social, expressif et normatif, il est le moyen d'entente naturel entre l'écrivain et son public.

Parmi les esthéticiens s'étant intéressés au goût, Hegel est celui qui a peut-être le mieux saisi l'intention et les implications de ce concept. La définition qu'il en donne est exemplaire à cet égard:

> Avoir du goût, c'est donc avoir le sentiment, le sens du beau; c'est une appréhension qui reste à l'état de sentiment et qui subit une formation telle qu'elle trouve le beau immédiatement, où et quelle qu'elle soit.[68]

Cette définition est particulièrement significative, car elle attire l'attention sur le caractère affectif de la perception du beau, dont le goût est le principal instrument. L'affaiblissement des règles au profit du goût marque le passage d'une esthétique fondée sur des critères objectifs (les unités) et transposée dans une poétique des genres, à une esthétique subjective et rationaliste. C'est l'acte du *percipi* et non plus un texte formalisé qui sert de point de départ au jugement esthétique. Le goût a comme avantage sur la démarche scientifique qu'il saisit par instinct l'essence de son objet. Ceci explique d'autre part son caractère immanentiste, la nature de cette perception échappant aux catégories rationnelles. Le sentiment du beau, qui prend sa source dans un stimulus visuel, est essentiellement hédoniste et traduit une conception de l'art anti-dogmatique. Son incapacité à se fonder en un système cohérent, en une esthétique formalisée, est la contre-partie de l'insistance des classiques sur les valeurs affectives. Prisonnier de la sensation qui l'a sollicité, le goût est incapable de s'élever à une vue synthétique et globale des choses. Le goût est toujours, en effet, le goût de quelque chose et implique un arrière fond de valeurs déjà constituées. Son champ de vision, comme l'observe Hegel, est forcément limité au sentiment qui lui a donné naissance:

> La chose exige un jugement en profondeur; le goût, le sentiment ne peut résister qu'à la surface et se contenter de réflexions abstraites. C'est pourquoi le goût s'en tient aux détails, afin qu'il y ait accord entre ceux-ci et le sentiment, et redoute la profondeur de l'impression que peut reproduire le tout. Ce qui intéresse le goût, ce sont les aspects extérieurs, secondaires; les grandes passions peintes par le poète sont suspectes au goût; son amour de la petite brocante n'y trouve aucun intérêt. Le goût recule et disparaît devant le génie.[69]

Cette conception du goût se ressent d'une vision romantique où dominent les "grandes passions." Elle s'oppose dès lors à la conception classique qui voit dans le goût la cristallisation d'une esthétique se fondant sur la poursuite de l'équilibre et de la justesse. Selon Hegel, la vérité réside dans la compréhension de soi à soi, la saisie totale de l'être par lui-même. Il rejette par conséquent toute connaissance incapable de dépasser les limites de son objet, ce qui est généralement le cas du sentiment. Pour lui, le savoir absolu est le résultat d'une conquête et d'un travail d'approfondissement. C'est au nom de l'échec de la conscience subjective et isolée à dépasser ses contenus, à se hausser à une vue totalitaire du monde, que Hegel a dénoncé l'aspect conformiste et réducteur du goût. Rien de plus antithétique pour ce dernier que le génie, la fantaisie et l'imagination; emprisonné dans la bienséance et l'agrément, lié aux préjugés de la classe aristocratique, le goût reste circonscrit à ses circonstances particulières. Sa fonction n'est pas d'ouvrir de nouveaux champs d'exploration, mais de corroborer un statu quo, de maintenir l'harmonie d'un rapport. C'est pourquoi le goût est mimétique; il transpose, reflète, re-produit, mais n'inaugure rien. Qualité dominante de l'honnête homme, il proscrit l'originalité (le fait de s'écarter de la norme), cherchant avant tout à être l'instrument d'un idéal modéré et poli.

La théorie du goût marque une étape importante dans l'évolution de l'esthétique en France. D'une manière générale, elle signale un net fléchissement dans la domination des règles et le culte des anciens. L'écrivain honnête homme se fie dorénavant à ses seules qualités affectives et naturelles. Aimant et se mêlant au monde, il transpose dans le vocabulaire critique les expressions qu'il a rencontrées dans les salons; une telle œuvre plaît ou ne plaît pas, va contre les prescriptions de la bienséance, n'est pas de *bon air*, etc. A la doctrine d'Aristote se substitue un souci presqu'exclusif pour ce qui est naturel et délicat. Du coup, l'écart entre le critique et son public se réduit, d'autant plus que c'est ce public qui se constitue en arbitre suprême de l'œuvre et non plus une autorité extérieure (les anciens ou les doctes). Ce qui importe désormais, c'est le jugement de la Cour et de la Ville. Dans cette optique, tout se ramène finalement à une question de goût; moins que des connaissances techniques, c'est la principale qualité que l'on exige de l'écrivain. Il subvient à tous les besoins, comme l'affirme Méré:

> Quant à la délicatesse du goût, elle est absolument nécessaire pour connaître la juste valeur des choses, pour en choisir ce qu'on y peut avoir de plus excellent, pour les exprimer de la manière qui leur vient le mieux, et pour les mettre dans leur jour, et comme il faut qu'elles soient. (*OC*, II, 127)

Ce texte met en valeur les trois principales fonctions du goût: connaître, choisir, et exprimer. Dans le premier cas, le goût agit comme un sentiment qui saisit d'emblée la *justesse* d'un objet, c'est-à-dire son point de perfection et de maturité. Faculté de discernement, le goût choisit, discrimine, afin d'isoler la quintessence de cet objet. A cette deuxième fonction, s'en ajoute une troisième, qui consiste en la *dispositio*, l'assemblage des éléments en un tout cohérent. Normativité et expressivité se conjuguent ainsi pour extraire de l'objet son plus haut degré de perfectibilité. La démarche du goût se lit alors comme un effort pour faire déboucher une esthétique du sentiment sur une esthétique essentialiste.

Si le 17e siècle est responsable d'avoir jeté les fondements d'une théorie du goût, c'est au 18e que cette théorie prendra son plein essor. Sous l'influence des écrits esthétiques de l'abbé Du Bos, de l'abbé Batteux, de Diderot, les considérations sur la nature du beau et du goût prennent une nouvelle urgence. Ce mouvement continue celui amorcé vers la fin du 17e siècle et témoigne du passage d'une esthétique doctrinale à une esthétique de la subjectivité. De plus en plus, c'est l'intériorité de l'acte créateur qui s'impose. Il n'est que naturel, alors, que le goût figure à l'avant-plan des discussions théoriques. On se rappellera l'article de Voltaire sur le goût dans l'*Encyclopédie*, et *L'Essai sur le goût* de Montesquieu. Mais ce n'est pas notre intention de résumer ce champ d'explorations qui a du reste fait l'objet d'une intéressante étude.[70] Signalons pour terminer que la France n'est pas le seul pays qui se soit intéressé à la théorie du goût. L'Angleterre, à une époque plus tardive, a emboîté le pas. A côté de la Préface de Edmund Burke, "An Introduction to Taste," à la seconde édition de son *A Philosophical Enquiry into the Origin of our Ideas of the Sublime and the Beautiful* (1757), l'ouvrage le plus significatif sur le goût paru en Angleterre est celui de Alexandre Gerard, *An Essay on Taste* (1759).[71] La convergence de ces mêmes préoccupations montre à quel point la théorie du goût est indissolublement liée aux grandes interrogations esthétiques.

VI

BIENSÉANCE, VRAISEMBLANCE ET MIMÈSIS CLASSIQUE

> Il n'est point de serpent ni de monstre odieux,
> Qui, par l'art imité, ne puisse plaire aux yeux.
> Boileau, *Art poétique*, II, 1-2

> Les concetti classiques sont des concetti de rapports, non de mots: c'est un art de l'expression, non de l'invention.
> Roland Barthes, *Le Degré zéro de l'écriture*

Dans le cadre de nos recherches, il est difficile, sinon impossible, d'ignorer l'une des notions les plus fondamentales de l'esthétique classique: la bienséance. Non seulement on la rencontre sans cesse associée à la théorie de l'honnêteté et aux considérations sur le bon goût, mais elle représente le fondement de toute théorie de la mimèsis classique. Comme l'a justement noté René Bray: "On pourrait dire de la poétique classique que c'est la poétique des bienséances."[1] Les écrivains de l'époque ne s'y étaient du reste pas trompés. Pour La Rochefoucauld, la bienséance est "la moindre de toutes les lois, et la plus suivie";[2] pour Rapin, elle est "la plus universelle de toutes les règles";[3] enfin, La Chétardie n'hésite pas à déclarer que celui qui dérogerait à ce principe risque de "provoquer un soulèvement universel."[4] On mesure dès lors son importance, importance qui selon nous n'a pas été suffisamment soulignée ou qui en tout cas a été trop exclusivement liée au contexte dramaturgique. A un niveau plus global, surtout à partir des années 1660, on constate que la bienséance influence la vie mondaine, artistique, et littéraire; à elle seule elle définit toute une esthétique, c'est-à-dire la manière dont l'homme conçoit ses rapports avec le beau.

Dans sa première édition, le *Dictionnaire de l'Académie* signale que bienséance remonte à *seoir*, verbe tombé en désuétude qui signifiait autrefois "être placé sur quelque siège, être dans une posture où tout le corps repose sur les fesses et sur le haut des cuisses." Par extension, il prend le sens "être convenable, soit à la personne, soit à la condition, au lieu, au temps." D'autre part, le *Dictionnaire* de Richelet note que l'expression "il sied" ne s'utilise qu'à la forme impersonnelle et signifie "être propre à."

Comme nombre de concepts de l'esthétique classique, celui de bienséance remonte à Aristote, qui l'exprime sous forme d'une théorie des mœurs destinée à la tragédie. Elle se résume à observer quatre règles fondamentales: la bonté, la convenance (Αεμάτον), la ressemblance et l'égalité. Aristote ne précise toutefois aucun de ces concepts, sauf celui de bonté, à propos duquel il note simplement qu'il est réalisé lorsque "l'intention est bonne." Ce manque de précision a conduit des théoriciens, tels que Castelvetro et Heinsius, à proposer de cette théorie des interprétations fort divergentes.[5] Selon un des meilleurs commentateurs modernes d'Aristote, l'idée de convenance serait en réalité un corollaire de celui de bonté et signifie qu'aucun des personnages d'une pièce ne doit dépasser les limites imposées par sa classe sociale ou son sexe.[6] C'est donc un désir d'harmonie et de cohérence qui serait à l'origine de la notion de bienséance, harmonie au sein de l'œuvre et avec son public. Les écrivains latins firent également usage du concept de bienséance, qui figure chez eux sous la forme de *decor, decorum*. On le trouve chez Horace (*Art poétique*, v. 122-23) et chez Cicéron, où il revêt l'acception suivante selon Rapin:

> Demandez par exemple à Cicéron si habile en cet art ce que c'est que ce *decorum* qu'il a si bien observé dans tout ce qu'il a écrit: il vous dira qu'il n'y a rien de si difficile que de le sentir et de le dire. C'est une convenance, ou plutôt une proportion secrète et en quelque sorte imperceptible de tous les traits du discours avec le sujet.[7]

Si on ne relève pas l'usage de ce mot au moyen âge,[8] il semble apparaître pour la première fois dans *l'Art poétique* (1555) de Peletier du Mans, qui reproche au poète Lucien de ne pas assez respecter "le bienséant des personnes."[9] On le trouve plus tard chez Etienne Pasquier qui, à propos de Démosthène, note que celui-ci disait que "les premières, secondes, et troisièmes parties du discours gisaient en la bienséance que les romains appellaient action, et sous ce mot entendaient un geste et maintien bien réglé, une parole et voix agréables."[10] A juger d'après les textes, la bienséance au 16e siècle était surtout une notion esthétique, l'accent portant plus sur un besoin de cohérence et d'harmonie que sur l'aspect mondain et social.

René Bray est le premier critique en France à s'être intéressé à la notion de bienséance.[11] Remarquons qu'il s'occupe de ce concept dans une perspective surtout dramaturgique et que la majorité des écrivains qu'il inclut dans son étude sont antérieurs à 1670. Il laisse par conséquent de côté un grand nombre d'écrivains mondains dont l'œuvre est postérieure à cette date, précisément ceux qui font l'objet de notre enquête. D'autre part, nous ne nous attacherons pas à ce que Bray appelle les "bienséances internes," c'est-à-dire "les rapports entre les caractères des personnages et les situations ou circonstances dans lesquelles se trouvent ces personnages";[12] ce sont également ces bienséances auxquelles s'intéresse Jacques Scherer dans son ouvrage sur la dramaturgie classique.[13] Seules les "bienséances externes," c'est-à-dire "les rapports entre les caractères, les sentiments, les gestes représentés par le poète, et le goût du lecteur ou de l'auditeur,"[14] solliciteront notre attention. Bref, la bienséance comme concept mondain, et en tant qu'elle s'applique à l'appréciation d'une œuvre non dramatique.

L'importance croissante de la bienséance est liée aux progrès de la vie à la cour et dans les salons. Sous l'égide de la Marquise de Rambouillet, les mœurs s'affinent et les femmes s'établissent comme les arbitres du goût et de l'élégance. La bienséance finit par couvrir tous les domaines de la vie sociale depuis l'habillement, le maintien, les gestes, la langue, jusqu'au ton de la voix. On utilise alors le pluriel *bienséances* pour désigner ses divers aspects tandis que le singulier *bienséance* exprime plutôt une valeur esthétique et morale. Notons que le *Dictionnaire de l'Académie* emploie indistinctement ces deux formes. Le caractère mondain de la bienséance a été mis en évidence par Maurice Magendie: "Ses prescriptions, toutes inspirées du monde, n'ont en vue que le monde; elles fixent, avant tout, la façon dont, en chaque circonstance, le monde, juge souverain, exige qu'on se comporte."[15] Les écrivains de l'époque confirment cette impression. Antoine de Courtin présente son *Nouveau Traité de civilité* (1674) comme devant servir "pour la pratique et le détail de la bienséance";[16] selon Morvan de Bellegarde, "pour établir les règles de la véritable politesse, il ne faudrait que bien déduire celles de la bienséance."[17] Ces notions finissent par se confondre, la bienséance s'assimilant à la politesse mondaine et à l'honnêteté.

Comment définir la bienséance? On a ici l'embarras du choix tant les définitions abondent. Il nous a donc fallu sélectionner les plus représentatives au nombre desquelles figure celle de François de Callières: "Les bienséances . . . sont des lois non écrites qui se sont établies par un long usage et par le consentement unanime des hommes polis qui ont attaché un sujet de blâme ou de ridicule à ceux qui y manquent."[18] La transmission orale de la bienséance explique qu'aucun texte ne la codifie ou en spécifie les caractères particuliers. Il s'agit plutôt d'une pratique reposant sur un contrat tacite entre les membres d'une même société. La bienséance est un principe qui s'impose *de facto* sans qu'il soit nécessaire de le justifier en droit. Il n'est donc pas sans analogie avec l'impératif catégorique kantien qui oblige du fait même de son existence et du pouvoir contraignant de la société. La bienséance se manifeste dès qu'une société est suffisamment hiérarchisée pour se donner des règles de conduite. C'est la majorité qui lui sert de fondement, car elle est directement liée à une conscience collective, à savoir "le consentement unanime des hommes polis." Enfin, la bienséance est une notion axiomatique qui comporte son propre appareil répressif. Le blâme ou le ridicule sont les sanctions infligées par une société qui s'arroge le droit de récompenser ou de condamner ses membres; si Dieu sonde les cœurs, la société polie légifère notre comportement extérieur.

L'idée maîtresse de la bienséance est celle de convenance et de conformité. Il s'agit moins de découvrir une essence intemporelle, un bien intrinsèque (un bienséant en-soi), que de créer un rapport harmonieux entre une situation donnée et une conduite archétype. Sur ce point, les dictionnaires de l'époque sont unanimes dans leur définition de la bienséance. Celui de Richelet: "Action qui cadre au temps, au lieu et aux personnes. Tout ce qui convient et qui est propre à quelque personne"; celui de l'Académie: "Convenance de ce qui se dit, de ce qui se fait par rapport aux personnes, à l'âge, au sexe, aux temps, aux lieux, etc."; celui de Furetière enfin: "Ce qui convient à chaque chose, ou si l'on veut, action convenable aux temps, aux lieux, et aux personnes." Le but de la bienséance est de faire en sorte que chacune de nos actions soit appropriée aux circonstances *hic et nunc*, c'est-à-dire au temps, au lieu, et à la personne. Ayant besoin de s'actualiser dans un présent, il est difficile de lui assigner des règles précises. Son champ d'application est aussi varié que le sont les situations elles-mêmes. Furetière note dans son *Dictionnaire*: "Les bienséances sont d'une étendue infinie; le sexe, l'âge, le caractère imposent des devoirs différents." On trouve le même jugement chez François de Callières: "Le nombre de ces bienséances est presqu'infini; il serait assez difficile de donner des règles certaines là-dessus."[19] C'est pourquoi la bienséance ne s'apprend pas dans les livres, mais au contact de la société polie et exige une grande dose de discernement.

La bienséance couvre un vaste domaine qui englobe tous les aspects de la vie physique et morale. Le P. Rapin observe que "ce qui est bienséant paraît autant dans les gestes, dans le ton de la voix, dans les yeux, dans le visage, et dans tout l'air de la personne, que dans le choix des paroles."[20] Jean Pic va encore plus loin: "La véritable bienséance s'étend non seulement sur tous les devoirs du monde et de la religion, elle entre encore scrupuleusement dans nos actions les moins considérables."[21] Cet auteur, à notre connaissance le seul qui ait consacré un ouvrage entier à la bienséance, voit dans celle-ci un principe qui régit la conduite sociale et morale de l'homme. "La bienséance," écrit-il, "embrasse toutes les actions de notre vie, aussi bien celles qui regardent le corps que celles qui viennent de l'esprit et des sentiments" (p. 66). Cherchant à faire coïncider l'être et le paraître, Jean Pic assigne à la bienséance un statut qui dépasse le niveau purement mondain. Témoin la définition qu'il propose de cette notion: "La bienséance est une vertu morale avec laquelle non seulement ce que nous faisons nous sied toujours bien, mais encore la manière dont nous le faisons" (p. 5). L'explication qu'il donne du syntagme "vertu morale" est révélatrice de ce besoin d'intérioriser la bienséance qui répond, comme en parallèle, à celle de l'abbé Goussault concernant l'honnêteté. S'il recourt au mot *vertu* c'est, dit-il, pour distinguer la bienséance de "certaines qualités agréables que l'on apporte en naissant ou que l'on acquiert par l'habitude, qui ne regardent que l'ornement et la société, au lieu que la bienséance regarde le bien et l'ornement tout ensemble" (p. 6). Etrange conception, que nous n'avons rencontrée que chez lui. Ce qui est toutefois plus frappant, c'est qu'il place la bienséance *au-dessus* de l'honnêteté, s'écartant ici de la tradition la plus établie.

Pour Jean Pic, l'honnêteté est une vertu surtout sociale, alors que la bienséance vise à la fois les devoirs que nous devons rendre à la société et à nous-mêmes:

> L'honnêteté est bien souvent une vertu libre, mais la bienséance est toujours une vertu nécessaire. Nous pouvons nous dispenser de certaines actions honnêtes, pourvu que nous ne manquions pas dans la manière sans que cela nous fasse tort. Mais nous ne pouvons manquer aux règles de la bienséance sans nous exposer à perdre quelque chose de l'estime qu'on a pour nous parce que la bienséance est une vertu qui contraint toujours; et que là où elle est appliquée, elle doit l'être inévitablement, à moins que l'on ne veuille manquer à ce que l'on se doit à soi-même. (p. 14)

La conception de l'auteur revêt un double aspect touchant au moi social et au moi intime. Alors qu'elle est d'habitude limitée à notre comportement extérieur, la bienséance se substitue ici à une éthique. Jean Pic ne recourt à aucune ontologie ou métaphysique pour fonder cette notion; lorsqu'il affirme que "la bienséance, pour être véritable, doit régner dans les motifs et dans les principes de nos actions" (p. 59), il ne va pas plus loin.

Il envisage la bienséance comme une sorte d'impératif catégorique, dont la société constitue en dernière analyse le principal référent. Ceci ne l'empêche pas de dissocier la bienséance de ce qu'il appelle la "civilité ordinaire," qu'il met en question:

> La civilité de la manière qu'on la pratique est une espèce de jargon que les hommes ont établi entre eux, plutôt pour cacher les mauvais sentiments qu'ils ont les uns pour les autres que pour exprimer sincèrement ceux qu'ils devraient avoir. Ce jargon consiste en des paroles et des manières honnêtes et obligeantes sans que l'intention y réponde le plus souvent; au lieu que la bienséance consiste en des actions et des manières raisonnables qui doivent toujours être soutenues de l'intention. (p. 37)

Les implications de ce texte s'éclaircissent si on se rapporte à sa période chronologique. En effet, le *Discours sur la bienséance* de Jean Pic date de 1689, et correspond à l'époque où l'idéal de l'honnêteté commence à s'effriter. L'emploi abusif de ce terme, nous l'avons déjà signalé, lui a enlevé une grande partie de sa force sémantique; il est devenu un concept sans contenu véritable, une formule s'appliquant indifféremment à tous ceux qui arborent un semblant de politesse.

On constate alors un besoin de dépasser le plan strictement mondain en lui substituant un fondement religieux, comme l'abbé Goussault dans son *Portrait de l'honnête homme*, ou en le subordonnant à une autre valeur, telle que la bienséance. Dans les deux cas, les valeurs sociales et mondaines ne sont pas pour autant écartées; soit qu'on cherche à les intégrer ou à leur accorder le second rang, elles demeurent présentes et efficaces. Jean Pic en est du reste conscient:

> Ce n'est pas assez que la bienséance prenne part à toutes les vertus morales et civiles que nous sommes obligés de pratiquer en particulier les uns envers les autres; elle veut que nous nous conformions aux mœurs, aux coutumes, et aux modes du pays qui nous a donné naissance. (p. 83)

La bienséance rejoint ici sa prémisse essentielle, qui est la conformité aux usages sociaux. Jean Pic se distingue de la majorité des écrivains mondains par la dimension éthique qu'il assigne à la bienséance, qui devient une valeur se suffisant à elle-même. Elle ne vise pas à nous rendre meilleur ou plus vertueux, mais à assurer une harmonie entre nos désirs et leur expression sociale. Autrui est toujours irrévocablement présent. "Le fond de la bienséance," écrit Jean Pic, "consiste à garder en toutes nos actions une grande proportion avec les autres et avec nous-mêmes (p. 88). Les contraintes qu'elle impose ne portent pas sur le contenu de nos actions, sur leur valeur intrinsèque, mais sur leur conformité avec un comportement jugé idéal. Comme toutes les morales mondaines, la bienséance prêche le nivellement des émotions fortes. Le passage suivant en constitue un excellent exemple: "L'enjouement excessif, les grandes douleurs, la grande joie, la colère, l'amour, la jalousie, l'avarice, et généralement toutes les passions, sont l'écueil ordinaire de la bienséance" (p. 88). Celle-ci a donc pour fonction de brider nos instincts naturels en les assujetissant à des normes sociales.

"Savoir vivre et savoir le monde n'est autre chose que savoir garder les bienséances," écrit Pierre de Villiers.[22] La bienséance constitue l'effet aussi bien que la condition de toute vie mondaine. On n'est jamais entièrement libre dans la société polie; le fait d'y appartenir entraîne toutes sortes d'obligations. Pierre de Villiers décrit admirablement l'esprit qui préside aux échanges mondains: "On pourrait définir le savoir vivre en disant que c'est savoir se contraindre sans contraindre les autres."[23] Observer la bienséance, c'est accepter et comprendre le sens de ces contraintes; c'est, enfin et surtout, se garantir les faveurs de la société polie. En un mot, c'est apprendre à être honnête homme. Morvan de Bellegarde résume le sens de cette leçon:

Je trouve donc que pour établir les règles de la véritable politesse, il ne faudrait que bien déduire celles de la bienséance. Or cette bienséance n'étant autre chose qu'une certaine modestie ou pudeur honnête qui doit accompagner toutes nos actions, c'est proprement de cette vertu qu'il serait à propos de parler puisque ce serait enseigner tout d'un temps le moyen d'acquérir cette politesse et cet agrément qui sait si bien concilier l'affection et l'applaudissement du monde.[24]

Si la politesse et l'art des bienséances sont des conditions essentielles pour trouver son chemin dans le monde, elles le sont également pour y réussir et s'y maintenir. Ce sont les armes de l'honnête homme qui substitue la parole à l'épée, la société polie étant à sa manière un autre champ de bataille, comme l'indique cette réflexion de Gabriel Le Gras:

La bienséance a quelque rapport aux devoirs de la civilité, au compliment et à la politesse: tellement que ceux qui n'ont pû s'en servir sont rustiques et sauvages. D'ailleurs, on s'en sert, ou pour plaire seulement, ou pour vaindre.[25]

La politesse constitue une fin en soi, un code se suffisant à lui-même. Comme l'honnêteté, elle n'a d'autre but que de régler le plus harmonieusement nos rapports en société et d'assurer que chacun se comporte selon son rang. Au plus haut degré, ce culte de la politesse débouche sur une esthétique du paraître où l'homme se trouve réduit à sa fonction sociale. Pour le mondain, la politesse est autant un style de vie qu'une morale qui régit les moindres actions de sa vie. Morvan de Bellegarde est peut-être celui qui a le mieux parlé de cet idéal:

> La politesse est un précis de toutes les vertus morales: c'est un assemblage de discrétion, de civilité, de complaisance, de circonspection pour rendre à chacun les devoirs qu'il a le droit d'exiger. Il faut que tout cela soit revêtu d'un air agréable et insinuant, qui se répande sur tout ce qu'on dit et sur tout ce qu'on fait. Cette vertu ne consiste pas précisément dans l'extérieur et dans le dehors; il faut qu'elle ait son principe dans l'âme; c'est une suite d'un esprit bien fait, qui se possède, qui est le maître de ses sentiments et de ses paroles.[26]

La politesse peut alors se définir comme l'art de se maîtriser en société; principe régulateur, elle apprend à se modérer et à se situer par rapport à autrui. Irréductible à un savoir formalisé, à un compendium de règles applicables à toutes les situations, elle est avant tout une *praxis*. Comme l'indique Morvan de Bellegarde, "La politesse ne s'apprend pas comme la musique ou quelque autre science. On ne l'acquiert que par l'usage des honnêtes gens."[27]

L'accent sur la bienséance conduit à substituer une morale de l'expression à une morale du contenu; l'individu n'est plus jugé d'après ses propres mérites, mais d'après son comportement social, sa *persona*. Les critères mondains viennent remplacer les critères de la morale individuelle, fondée sur l'idée d'un bien intrinsèque. Nulle part n'est-ce plus évident que dans ce texte de Méré:

> Enfin qui me demanderait une marque infaillible pour connaître le bien et le mal, je n'en pourrais donner ni chercher une plus forte ni moins trompeuse que la décence et l'indécence; car ce qui sied bien est bon, et ce qui sied mal est mauvais; de sorte que plus que ce qu'on fait approche de l'un ou de l'autre, plus on y voit ou de vertu ou de vice. (*OC*, II, 29-30)

Nous avons ici un exemple frappant de ce que Jean Starobinski appelle une "morale substitutive," c'est-à-dire une morale qui néglige le contenu pour la forme. C'est le *rapport* que le sujet institue avec un modèle social qui importe, non l'intention de son acte. La bienséance renvoie à un critère extérieur au sujet et remplit une fonction similaire à la conscience morale. Méré illustre cette tendance lorsqu'il mêle la bienséance avec les vertus chrétiennes, comme dans cet épisode de la vie du Christ:

> On peut encore observer qu'il aimait tant la bienséance qu'il en donnait des instructions: "Si l'on vous appelle à un festin, gardez-vous bien, disait le Seigneur, d'y prendre la première place, de peur que le maître en arrivant ne vous la demande pour un autre; car vous en seriez honteux." (*OC*, II, 28-29)

Heureusement, tous les écrivains mondains ne sont pas tombés dans ce genre d'abus. Il est néanmoins significatif de l'importance, parfois excessive, que l'on accordait à la bienséance.

Ce concept a surtout retenu notre attention parce qu'il est indissolublement lié à la *mimesis* classique. Chronologiquement, le débat sur la bienséance naît avec la Querelle du *Cid*, en particulier avec les attaques de Scudéry contre cette pièce:

> C'est en quoi l'auteur du *Cid* a failli, qui trouvant dans l'Histoire d'Espagne, que cette fille (Chimène) avait épousé le meurtrier de son père, devait considérer que ce n'était pas un sujet d'un poème accompli, parce qu'étant historique, et par conséquent vrai, mais non pas vraisemblable, d'autant plus qu'il choque la raison et les bonnes mœurs.[28]

Après la Querelle, les dérogations à la bienséance sont extrêmement rares (la *Théodore vierge et martyre* de Corneille est l'une des dernières à notre connaissance) si bien que l'on peut dire qu'après 1650 la bienséance est définitivement instituée au théâtre. "On doit observer dans la comédie, comme dans la tragédie," déclare le P. Rapin, "les bienséances des lieux, des temps, des personnes; . . . il faut mettre en usage toutes ces couleurs, qui doivent être les semences de la bienséance."[29] L'influence de la bienséance se reflète d'autre part dans les jugements portés sur les écrivains. Parlant de Virgile, Méré observe "qu'il écrivait plus en poète qu'en galant homme, et que pour les choses qui regardent le commerce du monde il ne connaissait pas la bienséance."[30] Et ailleurs, "C'est le pis que j'y vois dans Balzac, qu'il ne dit rien de bon air."[31] Le P. Rapin tombe dans le même genre de préjugés:

La satire de Rabelais, toute spirituelle qu'elle est, est néanmoins écrite d'une manière si bouffonne, et si peu conforme à l'honnêteté du siècle où nous vivons que je ne la crois pas digne des honnêtes gens; non plus que les satires de Régnier quoiqu'il ait bien du génie. Car il est trop effronté et il ne garde nulle bienséance.[32]

Ces textes montrent que pour la critique mondaine l'écriture doit se soumettre à des critères sociaux, la littérature pour "honnêtes gens" considérant la délicatesse d'une œuvre comme l'une de ses principales qualités.

L'étude de la notion de bienséance peut difficilement se passer de celle de la vraisemblance, et vice-versa. L'une renvoie constamment à l'autre, et il est impossible de comprendre la seconde sans se référer à la première. Ainsi, comme le note le P. Rapin:

Outre toutes ces règles prises de la *Poétique* d'Aristote, il y en a encore une dont Horace fait mention, à laquelle toutes les autres doivent s'assujettir, comme la plus essentielle, qui est la bienséance. Sans elle les autres règles de la poésie sont fausses: parce qu'elle est le fondement le plus solide de cette vraisemblance qui est si essentielle à cet art. Car ce n'est que par la bienséance que la vraisemblance a son effet: tout devient vraisemblable dès que la bienséance garde son caractère dans toutes ses circonstances.[33]

Texte lumineux qui éclaire une articulation essentielle de l'esthétique classique. Si ces deux concepts finissent par se rejoindre, ils ne se confondent pas pour autant. En effet, la bienséance couvre un domaine plus large que la vraisemblance, qui s'applique surtout aux œuvres littéraires. Alors que la première porte essentiellement sur des conduites sociales, la seconde est d'abord une notion esthétique.

Qu'est-ce au juste que la vraisemblance? Deux définitions nous serviront de point de départ méthodologique. La première figure dans le *Dictionnaire* de Richelet: "Ce mot se dit souvent en parlant de poésie épique et dramatique et signifie apparence du vrai. La vraisemblance doit être gardée dans toutes les pièces de théâtre." La seconde, dans celui de Furetière: "Qui a apparence de vérité; probable, qui est dans la possibilité des choses arrivées ou à arriver. Ce qui est conforme à l'opinion du public." Ces deux définitions invitent un certain nombre de commentaires. Le premier, c'est que la notion de vraisemblance était traditionnellement réservée au théâtre. Elle apparaît à maintes reprises dans les textes de la Querelle du *Cid*, parfois contiguë à celle de bienséance. La deuxième remarque porte sur la définition même du concept: apparence du vrai, c'est-à-dire, ce qui *imite* la vérité. Le vraisemblable est donc ce qui, dans des conditions de probabilité normales, *doit* se produire; à la notion de vraisemblance se joint celle de nécessité et d'attente. Troisième et dernière remarque, la vraisemblance exprime ce qui est socialement établi. Ce dernier aspect est capital, car il atteste le lien étroit entre vraisemblance et bienséance, la première étant l'expression littéraire de la seconde. Jugement que confirme Rapin lorsqu'il écrit que "la vraisemblance est tout ce qui est conforme à l'opinion du public."[34]

Toute théorie qui invoque le principe de la bienséance l'oppose implicitement au vrai; c'est en contraste ou en opposition avec la vérité que la vraisemblance prend conscience de sa fonction propre. Il existe par conséquent une différence fondamentale entre le vrai et le vraisemblable. Fontenelle, dans ses *Réflexions sur la poétique*, nous en avise:

> Le vrai et le vraisemblable sont assez différents. Le vrai est tout ce qui est; le vraisemblable est ce que nous jugeons qui peut être, et nous n'en jugeons que par certaines idées qui résultent de nos expériences ordinaires. Ainsi le vrai a infiniment plus d'étendue que le vraisemblable, puisque le vraisemblable n'est qu'une portion du vrai, conforme à la plupart de nos expériences. Le vrai n'a pas besoin de preuves, il suffit qu'il soit et qu'il se montre. Le vraisemblable en a besoin; il faut pour être reçu qu'il se rapporte à nos idées communes.[35]

Ce texte délimite admirablement l'aire séparant ces deux concepts. Le vrai touche aux actions passées, aux faits révolus; c'est le domaine de l'histoire événementielle, qui n'a pas besoin de "preuves" puisque ces événements ont effectivement eu lieu. Le vraisemblable, en revanche, relève du domaine du *devant-être* et de la probabilité; c'est pourquoi il présume un univers inventé et construit, celui de la fiction mimétique. Pour qu'une action soit vraisemblable, il faut qu'elle soit à la fois nécessaire et conforme, ses conditions de possibilités "naturelles" devant rencontrer les habitudes du public. Le vraisemblable est par conséquent plus limité que le vrai, dont les cas d'espèce sont pour ainsi dire infinis. L'imagination est sa seule limite, et même bien souvent la réalité dépasse l'imagination. La vraisemblance, réduite aux présupposés d'un certain public, ne peut guère dépasser les bornes de la convenance et de ce qui détermine l'usage courant. Pourtant, la vraisemblance ne peut se passer du vrai, dont, comme le note Fontenelle, il est une "portion." La vraisemblance supplée au vrai qu'elle acclimate aux mœurs de l'époque. Sa fonction est de transformer le singulier en universel en substituant à la vérité ponctuelle, occasionnelle, une croyance généralisée et accessible aux "honnêtes gens." La vraisemblance répond à des exigences de crédibilité et de motivation. Une action sera par conséquent d'autant plus vraisemblable qu'elle minimisera l'écart entre le texte et son public.

Dès les *Observations sur le Cid* de Scudéry, la vraisemblance émerge comme une valeur contraignante dont le caractère absolu ne fera que s'accentuer:

> Je n'aurai pas plus de peine à prouver qu'il (le *Cid*) choque les principales règles dramatiques, et j'espère le faire avouer à tous ceux qui voudront se souvenir après moi qu'entre toutes les règles dont je parle, celle qui est sans doute la plus importante de tout l'ouvrage est celle de la vraisemblance.[36]

C'est là le nœud gordien de la Querelle, car Corneille refuse de souscrire à cette prémisse. Il ne cessera de s'obstiner, déclarant encore en 1660, dans le premier de ses *Discours*, que "c'est une maxime très fausse qu'il faut que le sujet d'une tragédie soit vraisemblable."[37] D'une manière générale, la vraisemblance dramaturgique s'établit définitivement à partir de 1640. L'accord des théoriciens les plus en vue le prouve. La Mesnardière, dans sa *Poétique*, écrit: "Il n'y a donc que le vraisemblable qui puisse raisonnablement fonder, soutenir et terminer un Poème dramatique."[38] D'Aubignac va dans le même sens lorsqu'il déclare que "la vraisemblance est l'essence du Poème dramatique sans laquelle il ne se peut rien faire ni dire de raisonnable sur la scène."[39] C'est l'un des mérites de la Querelle d'avoir suscité un débat ouvert sur une notion capitale de l'esthétique classique. Le théâtre n'aura plus désormais à revenir sur ce point.

Il est significatif que ce soit Chapelain, l'artisan de la doctrine classique, qui s'est peut-être le plus attaché à définir la théorie du vraisemblable. A une époque où les questions théoriques dominent la scène, l'accent sur la vraisemblance témoigne d'une prise de conscience aiguë des problèmes de création esthétique. Sa centralité dans les textes montre à quel point cette notion se situe au cœur même de l'interrogation sur le sens de la *mimesis*.

Dans sa préface à l'*Adonis* du Chevalier Marin, Chapelain définit les contours de cette problématique:

> Or cette vraisemblance étant une représentation des choses comme elles doivent avenir, selon que le jugement humain né et prélevé au bien, les prévoit et les détermine; et la vérité se réduisant à elle, non pas elle à la vérité, il n'y a point de doute que la poésie l'ayant pour partage, c'est-à-dire le poète ne traitant que ce qui doit être, et ce qui doit être étant toujours vraisemblable, car ces deux choses se regardent réciproquement . . . il n'y a pas de doute qu'elle ne soit plutôt crue, ayant sur soi ce qui se fait croire simplement de soi-même, que l'histoire qui y procède plus tyranniquement et qui n'a pour soi que la vérité nue.[40]

Considérant que ce texte date de 1623, on peut y voir une des premières, sinon peut-être la première, expressions de la théorie de la *mimesis* classique. Pour Chapelain, toute création littéraire est nécessairement représentative et possède comme fondement non le vrai, mais son apparence ou ce que le public présume être vrai. Le vraisemblable implique une vérité de convention qui s'enracine dans une psychologie normative. La différence essentielle entre vérité et vraisemblance est que la seconde relève d'une présomption alors que la première est "nue," c'est-à-dire sans *a priori*. La création esthétique selon Chapelain ne vise pas à transcrire les événements tels qu'ils se sont passés, ce qui est la tâche de l'historien, mais à les transmuer en des vérités habituelles et conventionnelles. Ce n'est pas la vérité objective qui intéresse la vraisemblance, mais la vérité psychologique commune, celle d'une humanité universelle et généralisée. Elle implique donc l'intervention d'un jugement de valeur sur la nature et les modalités d'expression de la vérité. La vraisemblance est une vérité conventionnelle, construite, qui ne se fonde pas sur une appréhension factuelle de la réalité, mais sur une vue de l'esprit. C'est la vérité d'un certain public qui s'y retrouve ou s'y cherche. Les conditions de la vraisemblance ne sont donc pas la reproduction de tel ou tel fait, mais son arrangement à partir du rapport que l'écrivain veut créer avec le public. En d'autres termes, la vraisemblance est une fiction, dont le référent n'est pas *dans* les choses, mais dans leur représentation. La distinction entre vérité et vraisemblance se juxtapose alors à celle entre l'Histoire comme discours objectif et le récit comme création transposée. L'Histoire a pour objet de relater des faits qu'elle se doit de respecter; le récit, au contraire, possède toutes les libertés à condition toutefois qu'il se situe dans les bornes de la crédibilité. Comme écrit Chapelain dans les *Sentiments*:

> ... la vérité considérée comme vraie est à l'histoire, cela même est la fable considérée comme vraisemblable à la poésie; or comme l'historien ayant une fois reçu et reconnu la vérité pour vraie ne la peut altérer en façon quelconque, c'est-à-dire n'y peut ni ajouter ni ôter, de même le poète recevant une fable d'autrui et la reconnaissant pour vraisemblable, c'est-à-dire réduite une fois à la vraisemblance, objet immuable de la poésie, demeure là sans y rien pouvoir innover, soit pour en soustraire partie, soit pour y apporter du sien.[41]

La vérité historique ne peut être modifiée sans accusation d'infidélité; tel événement a pris place en tel lieu, à telle date et circonstances précises. Le récit mimétique, par contre, interprète et transforme la réalité à des fins de compréhension universelle. Sa vérité n'est pas factuelle, mais psychologique.

En ce sens, la vérité est de l'ordre du passé, tandis que la vraisemblance est de l'ordre de l'avenir. Ce qui a été accompli ne peut être défait, alors que l'homme modifie sans cesse sa vision du monde. La vérité est d'autre part singulière, spatio-temporelle, car reliée au *hic* et *nunc*. La vraisemblance transcende les limites de l'Histoire pour s'engager dans une parole universelle. Le P. Rapin définit très bien les contours de cette problématique:

> La vérité ne fait les choses que comme elles sont, et la vraisemblance les fait comme elles doivent être. La vérité est presque toujours défectueuse par le mélange des conditions singulières qui la composent. Il ne naît rien au monde qui ne s'éloigne de la perfection de son idée en y naissant. Il faut des originaux et des modèles dans la vraisemblance et dans les principes universels des choses où il n'entre rien de singulier qui les corrompe. C'est par là que les portraits de l'histoire sont moins parfaits que ceux de la poésie.[42]

Ce texte souligne l'un des aspects fondamentaux de la *mimesis* classique, qui se fonde non pas sur une vue "réelle" des choses, mais sur une vérité psychologique et morale. Pour les classiques, il n'y a que le général et l'universel qui comptent; de là, cet idéalisme foncier qui est à la racine de leur esthétique. La *mimesis* classique ne reproduit pas le monde extérieur, mais crée une image idéale de l'homme et de la nature. Qu'elle renvoie à la Belle Nature ou à l'honnêteté, la vision classique est semblable à ces jardins géométriques qui ne laissent rien au hasard et assujettissent la nature aux exigences d'une pensée ordonnatrice. Le postulat est évident: la création poétique est supérieure à la matière informe, qui a besoin d'être purifiée et extirpée de ses éléments "sauvages." La nature des classiques est par conséquent une nature assagie, réduite aux dimensions d'un cadre rationnel et familier.

Dans une pénétrante étude, Julia Kristeva note que "le *vraisemblable* (le discours 'littéraire') est un *degré second* de la relation symbolique de ressemblance."[43] En cherchant à imiter le "réel," à l'approximer, la vraisemblance n'en découvre que la surface fonctionnelle et habituelle; le rapport étant de ressemblance et non d'identité, la vraisemblance falsifie en quelque sorte la réalité aux fins d'universalité. Il s'agit non pas de relater un fait objectif, s'étant produit dans un temps défini et situé, mais de créer une apparence de vérité qui sera réduite aux présupposés du lecteur ou du spectateur contemporain. Celui-ci cherche à *re*-connaître un paysage qui reflète son environnement et une psychologie commune. La fonction de la vraisemblance est alors de *normaliser* la réalité, de la muer de la Différence au Même. C'est aux exigences de la communauté que sacrifie la vraisemblance, qui se fonde non pas sur la particularité mais sur l'appel du plus grand nombre. C'est pourquoi la vérité est ontique alors que la vraisemblance est le résultat d'un processus de transformation, d'une *mimesis*. Le réel que vise la vraisemblance est "décalé," car ce réel n'est plus ce qu'il était originairement, étant devenu une fonction et non un étant. Alors que le réel *est* du fait même de son existence, la vraisemblance veut signifier. Il n'est donc pas important qu'il exprime la transparence de son objet, pourvu que celui-ci soit compréhensible et généralisable. Comme le fait observer Kristeva: "Le sens vraisemblable *fait semblant* de se préoccuper de la vérité objective; ce qui le préoccupe en fait, c'est son rapport avec un discours dont le 'faire-semblant-d'être-une-vérité-objective' est reconnu, admis, institutionalisé."[44] La vraisemblance ne saurait par conséquent exister qu'au niveau du langage, puisqu'elle est essentiellement une vue de l'esprit, une construction artificielle. Ses attaches avec le réel n'existent que comme point de référence *second*. On pourrait dire à ce moment que la vraisemblance se sert de la réalité comme d'un écran; sa vérité n'a pas pour référent *la* réalité, mais plutôt l'idée qu'elle s'en fait. C'est pourquoi l'*epistémé* classique ne relève pas des faits et de l'Histoire, mais d'un effort pour créer un monde d'essences où la vérité de l'événement cède devant la fiction vraisemblable.

Ne visant pas à exprimer la réalité telle qu'elle, la vraisemblance n'existe que dans la mesure où autrui consent à souscrire à ses *a priori*. Elle n'a donc pas besoin d'être vraie ou authentique, puisque son objet est de justifier un mensonge et de perpétuer une illusion. C'est pourquoi la vraisemblance ne peut se maintenir qu'au sein d'un accord la liant à une idéologie. Elle est donc à la fois historique, par le support qu'elle cherche dans la réalité, et non-historique, par son désir de s'élever à une idée générale de l'homme. Se situant dans une zone mitoyenne, elle est variable et extensible. Contrairement à la vérité, qui est ponctuelle et irréductible, la vraisemblance présume un déjà-là, une antériorité textuelle (une poétique), ou une *Weltanschauung*. Son opérativité ne relève pas de la vérité des faits, mais d'une efficacité psychologique qui se mesure aux réactions du lecteur ou du spectateur. Son allégeance est à l'humaine condition, non à l'Histoire.

Si le débat sur le vraisemblable a surtout eu partie liée avec les discussions dramaturgiques, il a fini, dans le dernier quart du 17e siècle, par déborder dans le domaine romanesque. Ce nouveau développement, ou ce rebondissement, est dû à un épisode contesté de la *Princesse de Clèves* de Mme de Lafayette: l'aveu de Mme de Clèves. A la Querelle du *Cid* succède ainsi la Querelle de l'aveu, moins connue peut-être, mais toute aussi importante pour notre propos. Si nous l'abordons ici, c'est que, contrairement à la Querelle du *Cid*, il est loin d'avoir épuisé son potentiel herméneutique.[45] Cela tient au fait que les rapports entre la réalité et le roman ne furent jamais clairement définis au 17e siècle, l'effort des théoriciens ayant surtout porté sur le "poème dramatique," genre noble par excellence. En effet, à l'inverse du théâtre, le roman ne possède pas de règles définies et institutionalisées. C'est surtout vrai des romans de la première moitié et du début de la seconde moitié du siècle, tels ceux de Gomberville et de La Calprenède; ceux de Mlle de Scudéry, en revanche, ne marquent encore qu'un pas timide vers la création d'une esthétique romanesque et d'un réalisme intérieur.[46] C'est pourquoi il n'existe pas au 17e siècle d'ouvrage sur le roman comparable à celui de l'abbé d'Aubignac sur le théâtre.

La Querelle de l'aveu n'aurait peut-être jamais vu le jour si elle n'avait été animée par l'enquête lancée par le *Mercure galant* sur les mérites de cet épisode, et par la parution de l'ouvrage de Valincour, *Lettres sur le sujet de la Princesse de Clèves*, qui parut quelques mois après celui de Mme de Lafayette.

Reproduisons d'abord les circonstances de cet aveu. Au cours d'une entrevue à Coulommiers avec son mari, qui la presse de lui dévoiler les raisons de son besoin de solitude, la princesse se résoud à briser le silence: "Eh bien, Monsieur, je vais vous faire un aveu que l'on n'a jamais fait à son mari." Passant au discours indirect, le narrateur décrit ensuite les sentiments qu'éprouve Mme de Clèves: "Elle se demandait pourquoi elle avait fait une chose si hasardeuse . . . La singularité d'un pareil aveu, dont elle ne trouvait point d'exemple, lui en faisait voir tout le péril."[47] Voilà donc les faits. Examinons maintenant la réaction des critiques.

Celle-ci fut généralement défavorable. L'aveu choquait, car il s'écartait de la norme et des bienséances mondaines. Dans une lettre à Mme de Sévigné, Bussy-Rabutin écrit: "L'aveu de Madame de Clèves est extravagant et ne se peut dire que dans une histoire véritable, mais quand on en fait une à son plaisir, il est ridicule de donner à son héroïne un sentiment si extraordinaire. L'auteur, en le faisant, a plus songé à ne pas ressembler aux autres romans qu'à suivre le bon sens."[48] Cet énoncé met en avant les présupposés fondamentaux de la vraisemblance, à savoir le rejet de l'extraordinaire et de l'inhabituel. Si l'auteur juge cet aveu "extravagant," c'est parce qu'il est sans maxime et sans précédent. Tout ce qui contredit l'ordre présumé des choses viole la *mimesis* classique. Dans l'univers du récit, l'apparence du vrai prime sur l'histoire événementielle. De là cette dichotomie fondamentale entre la création artistique, qui ressort à l'imaginaire et au seul "Plaisir," et le domaine des faits, qui se confond avec le discours objectif. Il est ironique de penser que Bussy reproche à Mme de Lafayette un des aspects originaux de son roman. Le génie de l'auteur est précisément d'avoir été à l'encontre du bon sens, de la voix commune, celle qu'honorent les "honnêtes gens." L'un des points saillants de l'art de Mme de Lafayette est d'avoir pris le contre-pied de la vraisemblance romanesque en créant un personnage dont le comportement s'éloigne des poncifs sociaux. Mme de Clèves, en renonçant au monde alors que rien ne l'y obligeait, sacrifie à une idée plus haute et plus noble; sa vocation n'est pas le mensonge et la dissimulation qu'entraîne une société axée sur le paraître, mais la transparence et l'authenticité.[49] Ayant réalisé la vanité et l'inanité des apparences mondaines, la princesse s'en détache pour mieux se trouver.

Pour Bussy, toutefois, le roman doit être un reflet fidèle des usages établis. Négligeant les aspects propres à la trame et à son univers intérieur, l'auteur juge un récit d'après des critères extérieurs. La mondanité commande ici la fiction romanesque:

Une femme dit rarement à son mari qu'on est amoureux d'elle, mais jamais qu'elle ait de l'amour pour un autre que lui; et d'autant moins qu'en se jetant à ses genoux, comme fait la princesse, elle peut faire croire à son mari qu'elle n'a gardé aucunes bornes dans l'outrage qu'elle lui a fait. D'ailleurs il n'est pas vraisemblable qu'une passion d'amour soit longtemps, dans un cœur, de même force que la vertu.[50]

La première séquence verbale s'énonce comme une maxime ou un aphorisme qui se passe de toute justification. Le vraisemblable n'a pas besoin de support théorique, car il est une loi de la société. L'usage trouve en lui-même sa raison d'être. Et s'il s'en donne une, ce serait l'opinion publique qui, elle aussi, n'a pas besoin de se justifier. Elle est et s'impose du seul fait de son existence. Notons que lorsque Bussy déclare qu'une femme ne doit jamais révéler à son mari qu'elle en aime un autre, il n'invoque aucune raison d'ordre moral. Le fait qu'il s'en dispense montre qu'il s'agit d'un axiome exempt de tout contenu ontologique qui renvoie à une conduite de surface n'engageant que notre être extérieur. Plus loin, Bussy énonce un autre aphorisme, celui d'après lequel la vertu se maintient plus longtemps que la passion. Encore une fois, aucune justification n'est offerte, l'impératif catégorique se substituant au savoir rationnel. Le vraisemblable a ceci de caractéristique qu'il se passe de raisons et s'impose comme un fait établi; il ne connaît pas et ne cherche pas à inventer des conduites; il est un relais entre l'opinion publique et l'écrivain, qui s'en sert comme référent. Cette opinion, réelle ou supposée, coïncide avec ce qu'on appellerait aujourd'hui une idéologie, que Gérard Genette, dans son remarquable article "Vraisemblance et motivation" définit comme "un corps de maximes et de préjugés qui constitue tout à la fois une vision du monde et un système de valeurs."[51] C'est sur cette vision implicite et non raisonnée que s'établit la vraisemblance. La norme constitue son point d'appui et son compas; s'en écarter, c'est tomber dans le singulier ou, encore, dans l' "extravagant."

La vraisemblance implique dans sa fonction un double rapport; d'implication et d'absorption. Le premier repose sur la reconnaissance d'un réseau de significations implicites liant une maxime générale à une conduite romanesque; le second consiste à assimiler ce fond archétype à la structure même du récit. Ce qui importe alors n'est pas la vérité qui émane d'un personnage, mais sa véracité, c'est-à-dire sa correspondance avec un *semblant* de vérité. A un niveau plus fondamental, la problématique du vraisemblable engage celle du sens. Faire vrai, c'est assigner du sens en créant entre le lecteur et la fiction représentée un champ de similarités au sein duquel il pourra retrouver ses propres fantasmes. Tout ce qui ne se confond pas avec ce champ exclut *a priori* la vraisemblance. Ainsi, déclarer qu'une femme ne peut jamais avouer à son mari qu'elle en aime un autre, revient à affirmer que toute conduite tombant dans ce singularisme déroge à l'ordre "naturel" du récit. Comme le note Genette, "la conduite de la Princesse est incompréhensible en ce sens précis qu'elle est une *action sans maxime*."[52] La raison sociale l'emporte sur les raisons psychologiques; le lecteur classique se plie du reste fort mal aux situations extraordinaires et préfère être rassuré par un comportement "normal." L'enquête menée par le *Mercure galant* est là pour nous le rappeler.

Les *Lettres* de Valincour sont au roman ce que les *Sentiments de l'Académie* de Chapelain sont au théâtre; ces deux œuvres représentent un type d'opinion particulier, la première, celle des doctes, la seconde, celle de l'honnête homme. Se situant à des pôles radicalement différents, elles témoignent du chemin parcouru et des transformations subies par la critique depuis la

Querelle du *Cid*. Les *Lettres* constituent le modèle de la critique mondaine qui, s'opposant à la critique dogmatique, se fonde sur le bon goût des "honnêtes gens." En effet, Valincour n'élabore aucune doctrine et ne s'appuie sur aucune autorité; de plus, il ne compare jamais le roman de Mme de Lafayette avec des modèles antiques; c'est pour ses propres mérites et en fonction d'un jugement particulier que cette œuvre est jugée. Se conformant aux principes qui gouvernent la vie mondaine, Valincour s'emploie à découvrir dans ce roman les caractères qui s'en rapprochent ou s'en éloignent. Il ne l'évalue pas en tant que théoricien, mais en tant qu'honnête homme. Ne s'occupant pas de préceptes doctrinaux, qui de toute manière sont inopérables ici puisqu'il n'existe pas à l'époque de théorie du roman, Valincour voit dans *La Princesse de Clèves* un document social plus qu'une création esthétique autonome. Aussi, les qualités dominantes sont le naturel, la bienséance, la délicatesse des sentiments et de l'expression. Le mérite de l'ouvrage de Valincour ne réside donc pas dans son aspect théorique, mais dans le témoignage qu'il offre du goût, de la sensibilité et des partis pris de toute une génération de lecteurs dont il se fait l'interprète.[53]

Dans le vocabulaire critique de Valincour, la vraisemblance occupe une place privilégiée. Il n'est guère de pages où ce terme n'apparaisse et il s'applique à de nombreuses instances. C'est au nom de la vraisemblance que Valincour blâme les circonstances conduisant à l'aveu, mais aussi le fait que Mme de Lafayette ait laissé à une fille de 16 ans le soin de choisir elle-même des bijoux, et que celle-ci n'ait jamais entendu parler du duc de Nemours avant leur première rencontre au bal; enfin c'est toujours au nom de ce principe que Valincour critique la mort précipitée de M. de Clèves.[54]

Mais c'est l'aveu qui emporte le gros du morceau, au point où l'auteur lui consacre près de trente pages. On s'est parfois demandé si l'invention de cet épisode était de Mme de Lafayette ou si celle-ci l'avait emprunté, pour la modifier ensuite, aux *Désordres de l'amour* (1675) de Madame de Villedieu. En réalité, comme plusieurs critiques l'ont montré avec conviction, les circonstances de ces deux aveux sont radicalement différentes et il serait erroné d'induire le second du premier. A l'inverse de

Bussy-Rabutin, qui critique l'aveu en lui-même, Valincour prend pour cible ses aspects concomitans. "En effet," écrit-il, "il n'est rien de plus tendre, ni de plus touchant, que tout ce que dit Mme de Clèves à son mari"; et il ajoute plus loin; "cet endroit ferait un bel effet sur le théâtre."[55] Chose curieuse, ce n'est pas tant la confession de la princesse qui le dérange, mais les circonstances y conduisant.

En premier lieu, il condamne la manière dont le duc s'introduit dans le pavillon de Coulommiers: "Il entre tout botté et en plein jour dans ce pavillon, dont il n'eut pas seulement le loisir de considérer les beautés. Il semble en effet que Monsieur et Madame de Clèves n'attendaient que lui pour paraître."[56] Deux dérogations à la vraisemblance sont à souligner. La première est liée à la bienséance: un homme de qualité n'entre pas "tout botté" dans un pavillon, surtout lorsqu'une femme s'y trouve; c'est inconvenant et de mauvais goût. La seconde dérogation porte sur le caractère fortuit de cette rencontre; ce qui est fortuit étant forcément extraordinaire, il ne saurait par conséquent être vraisemblable. Ce n'est pas que l'événement n'ait pu avoir lieu—il relève à ce moment de l'histoire factuelle—mais il ne procède pas de façon nécessaire et naturelle, composantes essentielles du vraisemblable. Qu'aurait souhaité Valincour? Sans offrir de solution précise, il indique une direction, sinon un principe général:

Il me semble qu'il ne tenait qu'à l'auteur de lui [au duc] faire naître une occasion moins dangereuse, et surtout plus naturelle, pour entendre ce qu'il voulait qu'il sût. Car enfin, ce qui m'embarrasse ici, ce n'est pas le danger où se trouve Madame de Clèves, sans le savoir, ni celui où s'expose le duc de Nemours, mais il me semble que la chose n'en eut pas été moins agréable si elle eut été moins concertée . . . Car je vous avoue, qu'en matière d'histoire, le vraisemblable me touche plus que tout le reste.[57]

Le vraisemblable ne se justifie donc pas à partir du texte ou dans l'optique du romancier, mais à partir d'un modèle *a priori*, qui se donne comme archétype social. Ce modèle "hors texte" trouve sa raison d'être dans l'idée que le public se fait d'un comportement "honnête." Ainsi, on pourrait reprocher au duc "d'écouter aux portes," de ne pas savoir garder son secret, qu'il confie, en termes à peine voilés, au vidame de Chartres. Bref, le duc ne se conduit pas comme on s'attendrait de quelqu'un de sa classe et de son rang. Ainsi, le comportement du duc aussi bien que les circonstances de l'aveu ne coïncident pas avec la norme. C'est pourquoi Valincour les condamne sous prétexte qu'ils sont trop romanesques:

> Je ne sais si je me trompe, mais il me semble que ces manières d'incidents si extraordinaires sentent trop l'histoire à dix volumes; il n'était rien de plus aisé que de rendre la chose naturelle et croyable.[58]

Ce texte explicite les présupposés gouvernant la vraisemblance. En effet, pour qu'une action soit vraisemblable, il faut qu'elle soit naturelle, qu'elle suive un développement logique et tracé d'avance, et qu'elle soit croyable et conforme.

La critique vérisimiliste de Valincour et de Bussy-Rabutin est de tendance nettement rationaliste et idéaliste. Elle se borne à examiner une œuvre d'après des critères extérieurs au texte plutôt qu'en fonction de son organisation interne et de son esthétique propre. Les intentions de l'auteur ne sont jamais tenues en considération, comme si celui-ci était d'abord et en premier lieu responsable devant le tribunal de son public. C'est pourquoi ni Valincour ni Bussy n'ont compris le sens profond de ce roman, dont le personnage central ne se conforme à aucun modèle pré-établi. On l'admire peut-être, mais on ne la comprend pas. Son action est peut-être trop cornélienne à une époque où les suffrages vont vers Racine. On s'attendait à quelque chose de plus normal, de plus rassurant, et l'on se découvre dérangé dans ses habitudes. Il est ironique de constater que le débat littéraire autour du *Cid* et de *La Princesse de Clèves* prend sa source dans un épisode qui viole les bienséances, donc la vraisemblance. En effet, que Chimène puisse épouser le meurtrier de son père est aussi *choquant* pour un certain public que la confession de Mme de Clèves à son mari. Et pourtant, ces deux épisodes assurent à chacune de ces œuvres une intensité émotive et esthétique qui est l'une des principales causes de leur succès.

Si l'on examine les présupposés motivant la critique de l'aveu, on constate qu'ils finissent par rejoindre les postulats de la critique mondaine. Saint-Evremond, Bussy-Rabutin, Valincour, épousent un même credo esthétique. Pour eux, le texte devient le miroir d'un comportement social, l'*exemplum* des qualités qu'ils prêtent à l'honnête homme. Il est un *relais*, une manière d'être, non une création visant à découvrir de nouvelles formes.

C'est pourquoi les personnages et l'intrigue sont toujours jugés d'après un modèle idéal et des essences immuables. Pour les classiques, la nature humaine ne change pas; elle est éternelle, la fonction de l'écrivain étant alors de la représenter dans son universalité, non dans sa vérité individuelle. Le processus de vraisemblablisation vise à bannir l'individuel et le particulier au profit d'une représentation idéale de la nature humaine. L'homme est conçu comme il devrait être, en fonction des critères de l'honnêteté; son moi intime est relégué à l'arrière plan. Valincour juge ses personnages d'après un modèle abstrait: le duc de Nemours selon l'image qu'il se fait du parfait gentilhomme, qui n'entre pas "tout botté et en plein jour" dans un pavillon et qui n'écoute pas aux portes; la Princesse, selon les critères de l'épouse modèle qui n'avoue pas à son mari qu'elle en aime un autre. Les motivations individuelles et les caractères singuliers de l'œuvre lui échappent. La démarche de Valincour n'est pas conduite par le souci de comprendre l'œuvre de l'intérieur, mais de lui assigner une image, sinon édifiante, en tout cas conforme aux normes de la société polie. D'où la confusion entre les valeurs esthétiques et les valeurs morales, qui sans cesse s'entrecroisent. Dans une phrase révélatrice Valincour écrit: "Je ne vous ferai point d'excuse non plus de ce qu'en quelques endroits j'ai confondu les incidents avec les sentiments."[59] C'est le comportement moral et mondain des personnages qui intéresse en premier lieu Valincour. Comme Méré, Saint-Evremond et d'autres, il subordonne la vérité de l'œuvre à celle d'un "hors-texte" d'une humanité idéale qui s'achève dans l'honnêteté.

Les conventions qui fondent la vraisemblance postulent une croyance en une nature humaine immuable. Cette nature, toutefois, n'est pas une nature abstraite, mais une nature réduite à des attributs sociaux ou encore, une nature tempérée par les exigences de la bienséance. Le vraisemblable est donc ce que la raison approuve d'après les critères de la sociabilité. L'habitude et la répétition jouent ici un rôle capital. C'est que la vraisemblance, contrairement à la vérité, suppose toujours un acquis. L'apparence de vérité, sa probabilité, ne sont pas des notions originelles, mais des notions apprises et transmises au travers d'un contexte culturel. La vraisemblance culturelle, qui rejoint ce qu'on pourrait appeler la vraisemblance vécue ou naturelle, se fonde sur un certain nombre de clichés, du genre "être saoul comme un Polonais, fier comme un Espagnol, matérialiste comme un Américain, etc."[60] Ainsi, dans son effort pour présenter une nature croyable, la vraisemblance présume des contours de son objet; elle est déjà "située" au moment de sa formulation. Il s'ensuit que toute vraisemblablisation implique nécessairement une présomption sur la nature et les qualités de l'objet *percepi*. Bernard Lamy, dans ses *Nouvelles réflexions sur la poétique* (1668), exprime admirablement ce présupposé:

> Les Maîtres rapportent au chapitre des mœurs ce qu'il est nécessaire d'observer pour faire qu'une invention poétique soit vraisemblable; ils avertissent qu'il ne faut rien dire qui soit contraire à ce que l'on a une fois avancé, à une vérité connue, et à ce que la raison nous enseigne manifestement. (p. 119)

La vraisemblance se fonde dès lors sur des exigences de logique, de bon sens et de conformité. Ce dernier point est surtout essentiel; la vérité présentée doit être "connue," c'est-à-dire qu'elle ne peut déroger à une idée générale de la psyché de l'homme. Contrairement à la vérité, qui est unique et non répétitive, la vraisemblance ne peut pas étonner car elle se fonde sur la vision d'une humanité commune.

La vraisemblance ne peut à ce moment se passer d'un acte de foi, d'un acquiescement implicite aux présupposés et techniques que l'écrivain met en œuvre. Celui-ci, pour peu qu'il cherche à plaire, n'aura d'autre objectif que de présenter au public une image idéale, sinon même fallacieuse de la réalité. La vraisemblance exige en effet un effort de conviction, de crédibilité, et n'implique pas que l'objet représenté soit ontologiquement vrai. Dans ce même passage, Bernard Lamy observe:

> Il faut prendre garde surtout de ne pas proposer des choses comme véritables, dont l'erreur peut être aperçue par les sens. Le mensonge, comme nous l'avons vu, ne peut être agréable s'il n'a l'apparence de la vérité; c'est-à-dire, si l'on ne croit en quelque manière que ce que le poète nous dit est véritable. (Ibid.)

C'est l'enveloppe de la vérité qui compte plus que la vérité elle-même, et le mensonge de l'apparence sera d'autant mieux reçu qu'il sera plus agréablement présenté. La vraisemblance est une illusion entretenue avec succès pour un public bénévole qui ne demande qu'à être trompé. La raison d'être de ce leurre tient à la nature même du plaisir esthétique. L'homme veut oublier le singulier, son propre malheur, pour se tremper dans une humanité idéale qui le fera rêver. Il *veut* donc croire afin d'être mieux mystifié. Houdart de La Motte l'a bien senti lorsqu'il écrit: "L'homme n'est touché que de ce qu'il croit: un poète ne lui donc propose que des choses qu'il puisse croire et qui aient du moins l'apparence de la vérité."[61] La vraisemblance touche nos sentiments, nos impressions, et vise l'homme hypothétique, non tel ou tel individu en particulier. La Phèdre de Racine n'est pas celle de l'antiquité, mais une Phèdre mise au goût des passions du jour. Le fait que Phèdre ait même existé n'est qu'une question secondaire qui n'intéresse pas directement le spectateur. Pour que le personnage soit efficace, il faut à ce moment qu'il soit croyable, que son émotivité nous touche. La vraisemblance est donc un trompe-l'œil au service d'une illusion dramatique. Fontenelle en situe ici toute la portée:

> Puisque la fonction du vraisemblable dans la tragédie est d'empêcher l'esprit de s'apercevoir de la feinte, le vraisemblable qui le trompe est le plus parfait et c'est celui qui devient nécessaire.[62]

Conformité, familiarité, trompe-l'œil, ressemblance, autant de notions qui, chacune à sa manière, remplit un rôle dans la création de la *mimesis*. Tout processus mimétique implique à ce moment identification et dépassement; d'un côté, un référent dont la familiarité sert de cadre général et de système de décodage, de l'autre, l'acte transcendental qu'implique le processus de création. La vraisemblance est alors le lieu privilégié d'un Ποιειν, car, comme le fait remarquer G. Genette, "toute *poiesis* est nécessairement une *mimesis*."[63]

La *mimesis* classique se distingue de la *mimesis* romantique, qui se fonde sur le culte du Moi, par le fait qu'elle est d'abord parole sociale et échange. Autrui n'est jamais absent et inspire sans cesse le geste de l'écrivain. En ce sens, la *mimesis* classique est intramondaine. Cela explique le caractère à la fois instrumental et décoratif de la prose classique, dont l'objet est de plaire, et de persuader.[64] La parole classique ne cherche pas la densité ou l'hermétisme, mais l'intelligibilité. Lorsque Bernard Lamy déclare que "la clarté est le caractère de la vérité,"[65] il atteste la préoccupation des classiques pour la *dispositio*. A l'encontre d'une esthétique du contenu ou du moi, l'esthétique classique est une esthétique de l'expression qui se concentre sur une psychologie des effets. C'est en quoi le discours historique se distingue du récit mimétique, comme nous l'apprend Du Plaisir:

> L'historien et le héros ne s'expliquent pas d'une même manière. Celui-ci quand il parle est jugé en présence de la personne à qui il parle, en sorte qu'il ne peut s'exprimer que comme on s'exprime dans la conversation; mais l'historien, lorsqu'il écrit, est seul et il peut étudier son discours.66

Il faut donc non seulement que l'intrigue soit vraisemblable, mais le langage qui l'exprime. Dans le récit dialogué, la vraisemblance s'inscrit dans un rapport, une *diégesis*, par opposition au discours historique, qui est monologué. Il faut que cette *diégesis*, pour être convaincante, se conforme aux modes de représentation langagière établis par l'usage.

La parole classique, qui ne se conçoit pas en dehors d'un rapport médiatisé, est une parole qui suppose certaines lois de l'échange. Parole conforme et formaliste, ses critères sont la transparence et la clarté, conditions *sine qua non* de son vœu d'efficacité. C'est la parole généralisée de l'honnête homme qui cherche à communiquer avec ses semblables. Il importe moins alors d'être vrai, que de sembler vrai. L'esthétique classique est donc une esthétique de la vraisemblance (littéraire), non de la vérité (ontologique). Boileau se fera l'un des interprètes de ce credo:

> Jamais au spectateur n'offrez rien d'incroyable:
> Le vrai peut quelquefois n'être pas vraisemblable.
> Une merveille absurde est pour moi sans appas:
> L'esprit n'est point ému de ce qu'il ne croit pas.
> . . . .
> Mais la scène demande une exacte raison;
> L'étroite bienséance y veut être gardée.
> *Art poétique*, III

La *mimesis* classique se fonde sur une vue empirique des rapports de l'écrivain et de son public. L'art de plaire figure ici comme une morale de l'efficacité qui pourrait se formuler de la sorte: pour plaire, il faut d'abord être capable d'émouvoir, ce qui implique en retour que le sujet puisse s'identifier avec l'objet représenté. C'est la raison pour laquelle les classiques s'obstinent à condamner le merveilleux à moins qu'il ne soit rendu vraisemblable. Quoique le merveilleux, qu'accentuent les pièces à machines, constitue un mode d'évasion privilégié, il ne saurait selon toute évidence constituer le fonds de la *mimesis*. D'où, la réaction de Rapin:

> Les poètes s'emportent d'ordinaire inconsidérément à dire des choses incroyables pour en vouloir trop dire de merveilleuses . . . et ils ne pensent presque jamais à ces préparations, et à toutes ces couleurs de bienséance et de probabilité qu'il faut mettre en usage pour fonder la vraisemblance. C'est ainsi que par une fausse idée qu'on a de la poésie, on met la beauté dans les agréables surprises d'un merveilleux extraordinaire: et après tout, cette beauté ne peut régulièrement se rencontrer que dans la nature et dans la vraisemblance.[67]

Ce passage met en relief un aspect essentiel de l'esthétique classique, à savoir son besoin de coïncider avec une nature connue et embellie. La beauté classique prend sa source dans une représentation idéalisée du monde: l'écrivain ne s'emploie pas à exprimer son moi individuel, mais s'efforce au contraire de retrouver une essence universelle. De surcroît, la beauté classique est nécessairement une beauté agréable, son principal objectif étant de plaire. Aux exigences esthétiques s'ajoutent des exigences morales, un objet ne pouvant être jugé beau à moins qu'il ne plaise en même temps.

La *mimesis* doit dès lors se comprendre à partir d'un certain nombre de présupposés et de contraintes. Ce qu'elle vise n'est pas une vérité originelle et unique, mais une vérité "décalée" et adaptée à la *Weltanschauung* d'une époque. Le premier critère, dont découle tous les autres, est celui de bienséance. Critère sociologique et idéologique, la bienséance impose à la réalité un schéma qui doit se lire au travers d'une grille. La bienséance constitue le fondement de la théorie de la représentation classique, dont nous voyons un exemple dans ce texte de Bernard Lamy:

> La poésie est une imitation des actions des hommes, de leurs paroles et de leurs mœurs. Afin que cette imitation soit exacte, il faut que les poètes, comme ils ont coutume de le faire, fassent agir et parler ceux qui s'introduisent dans leurs ouvrages, conformément à leurs mœurs.[68]

La *mimesis* n'imite pas la nature brute, la nature "sauvage," mais une nature travestie et polie, qui se modèle sur les principes de l'honnêteté Le rapport de la bienséance à l'œuvre est forcément relationnelle et non ontologique. Il en découle que la *mimesis* est une notion relative aux conditions et changements historiques d'une époque. On assiste au 17e siècle à un déplacement de son code référentiel. Alors qu'avec Chapelain elle était surtout textuelle, prenant la *Poétique* d'Aristote comme matière théorique, elle devient mondaine à partir de 1660, et se façonne d'après un comportement social jugé idéal. Cette esthétique mimétique se maintiendra jusqu'à Rousseau qui, le premier, affirme le primat de la sensibilité du moi sur les impératifs de la représentation, en particulier dans *La Nouvelle Héloïse*.

Si la bienséance est un concept surtout mondain, son corollaire, la vraisemblance, est un principe moral et formel. A y regarder de plus près, on constate que la vraisemblance n'est rien d'autre que l'expression littéraire ou artistique de la bienséance. Alors que la bienséance s'applique aussi bien à un comportement social qu'à une œuvre, la vraisemblance est exclusivement limitée à la création mimétique. Tout comme la bienséance, sa fonction est de nous présenter de la réalité une image choisie et rassurante. Elle est donc essentiellement limitative et réductrice. Sur le plan esthétique, elle demeure le principe le plus important de la doctrine classique, comme l'atteste cette réflexion de Rapin:

Sans la vraisemblance tout est défectueux: avec elle tout est beau; on ne s'égare jamais en la suivant, et les défauts les plus ordinaires de la comédie viennent de ce que les bienséances n'y sont pas gardées ni les accidents assez préparés.[69]

Le rapport étroit vraisemblance-bienséance est manifeste, et témoigne que l'esthétique classique ne se sépare jamais d'une anthropologie. La *mimesis* classique est autant une création formelle, une *dispositio*, qu'un commentaire social. A l'image de l'honnête homme, dont la morale mondaine s'accompagne d'une sémiotique de l'expression, la *mimesis* classique renvoie à un univers éminemment formalisé où le code d'étiquette est le fondement de toute *praxis* littéraire.

CONCLUSION

Tout au long de cette étude nous nous sommes efforcés de souligner le rapport étroit et constant entre la théorie de l'honnêteté et les principes dominants de l'esthétique classique. Humanisme de salon, l'honnêteté vise essentiellement le moi social; c'est pourquoi l'honnête homme ne recherche pas l'être mais le paraître. Prisonnier de sa *persona*, soucieux avant tout de plaire et de l'effet qu'il produit, son moi finit par se fragmenter dans le jeu mondain.

Se modelant sur cet idéal social, la littérature emboîte le pas. Hostile au pédantisme et à la critique dogmatique, l'écrivain honnête homme, qu'il s'appelle Méré, Bouhours ou Saint-Evremond, cherche à promouvoir une esthétique qui met l'accent sur les valeurs subjectives du goût et de l'agrément. Une œuvre sera d'autant mieux reçue qu'elle exprimera les tendances et aspirations du public des "honnêtes gens." C'est la *praxis* mondaine qui servira dorénavant d'étalon au critique. A la poétique des "règles" succède ce que Saint-Evremond a justement appelé "une critique du sens."

Notre travail prend ainsi sa place dans un concert d'études visant à renouveler, sinon à approfondir, notre connaissance de l'esthétique classique. Inaugurée par René Bray, cette veine de recherches a été enrichie par les travaux de Jules Brody, Roger Zuber, et plus récemment, par l'étude de Bernard Tocanne, *L'Idée de nature en France dans la seconde moitié du XVIIe siècle*, et celle de Jean Jehasse, *La Renaissance de la critique*. Dans les dernières pages de son livre, Jean Jehasse jette les prémisses d'une future étude dans un court paragraphe intitulé "De la critique érudite à la critique mondaine." C'est là l'objectif que nous espérons avoir mené à bien.

NOTES

Chapitre I

1. Nicolas Faret, *L'Honnête Homme ou l'art de plaire à la Cour*, éd. Maurice Magendie (1927; réimp. Genève: Slatkine Reprints, 1970).
2. Il n'est guère de pages où Magendie, dans son édition critique de cet ouvrage, ne reproduise un passage inspiré du *Cortegiano*.
3. Ed. cit., introduction, p. xlvii.
4. *Oeuvres complètes*, éd. Charles-H. Boudhors (Paris: Les Belles Lettres, 1930), I, 42. Les références ultérieures à cette édition signaleront simplement le sigle *OC*, suivi du volume et de la page.
5. Maurice Magendie, *La Politesse mondaine et les théories de l'honnêteté en France, au 17e siècle, de 1600 à 1660*, 1925, p. 787.
6. Voir le *Dictionnaire Grec-Français* de V. Magnien et M. Lacroix sous la rubrique Αγαθος.
7. Von Wartburg, *FEW*.
8. Sur l'influence des auteurs latins sur la théorie de l'honnêteté, voir Magendie, *op. cit.*, p. 305.
9. Méré aurait particulièrement été impressionné par sa lecture du *De Oratore* de Cicéron. Voir *Propos divers du chevalier de Méré (1674-1675)*, éd. par Charles-H. Boudhors, *RHLF*, 29 (1922), 86. Sur l'historique de ce mot, voir Charles-H. Boudhors, *OC*, III, 206, note 1. Roger Zuber a analysé le sens que donne Balzac à ce vocable dans *Les "Belles Infidèles" et la formation du goût classique* (Paris: Colin, 1968), pp. 401-03.
10. *Lettres*, 1682, p. 166.
11. *RHLF*, 29 (1922), 216.
12. *Lettres*, p. 31.
13. Magendie, *op. cit.*, p. 397. Morvan de Bellegarde, dans ses *Réflexions sur le ridicule et sur les moyens de l'éviter* (1696), corrobore ce principe: "Les personnages sages doivent s'assujettir au caprice de la mode. Il y aurait de l'affectation à ne pas faire ce que tout le monde fait; ce serait un air de singularité pour se faire regarder" (p. 125).
14. Voir Edmond Chamaillard, *Le chevalier de Méré, rival de Voiture, précepteur de Mme de Maintenon*, 1931.
15. Sur la duchesse de Lesdiguières, voir Charles-H. Boudhors, *OC*, I, xliii-xlvii. Notons cette remarque de Méré à l'une de ses correspondantes: "Je me suis toujours plu au commerce des dames, et vous achevez de me persuader qu'il n'y a plus qu'elles qui sachent penser des choses de bon air et les dire agréablement." *Lettres*, p. 456.
16. Raymond Picard, *Les Salons littéraires et la société française, 1610-1789*, 1943, p. 12.
17. Sur le rôle de la femme au 17e siècle, voir Roger Lathuillère, *La Préciosité. Etude historique et linguistique* (Genève: Droz, 1966), I, 652-75.

18. Carolyn C. Lougée, *Le Paradis des Femmes: Women, Salons, and Social Stratification in Seventeenth Century France* (Princeton: Princeton Univ. Press, 1976).

19. Cette opinion est partagée par la majorité des écrivains mondains. Voir en particulier: Marmet de Valcroissant, *Maximes pour vivre heureusement dans le monde et pour former l'honnête homme* (1662), p. 70; Morvan de Bellegarde, *Réflexions sur la politesse des mœurs* (1698), pp. 4-5; Pierre de Villiers, *Réflexions sur les défauts d'autrui* (1695), p. 61.

20. Sur l'évolution sémantique de ce mot, consulter Roger Lathuillière, *La Préciosité*, pp. 656-71.

21. *Lettres*, p. 233.

22. Jean Starobinski, "La Rochefoucauld et les morales substitutives," *NRF* (août 1966), p. 210.

23. *Lettres*, p. 356.

24. Ibid., p. 30.

25. Ibid., p. 358.

26. Jean Starobinski, "La Rochefoucauld," p. 223.

27. Jean-Pierre Dens, "L'Art de la conversation au dix-septième siècle," *Les Lettres Romanes*, 27 (1973), 217-19.

28. Voir Roger Lathuillière, *La Préciosité*, p. 638; Jean Marmier, *Horace en France au dix-septième siècle* (Paris: Presses Universitaires de France, 1962), p. 84.

29. "La Rochefoucauld," p. 219.

30. *Lettres*, p. 637.

Chapitre II

1. La Rochefoucauld, *Maximes*, éd. J. Truchet (Paris: Garnier, 1967), Maxime 203, p. 51.

2. Maxime posthume 61, p. 174.

3. Index de l'édition Truchet.

4. Ainsi qu'en témoignent les chapitres intitulés "De la société," "De la conversation," "De l'air et des manières."

5. Jean-Pierre Dens, "Morale et société chez La Rochefoucauld," *L'Information Littéraire*, 2 (1975). Vivien Thweatt, dans *La Rochefoucauld and the Seventeenth-Century Concept of the Self* (Genève: Droz, 1980), pp. 200-03 et 240-42, cherche à concilier l'éthique chrétienne avec la notion d'honnêteté chez La Rochefoucauld. Cette vue ne tient pas compte du caractère essentiellement mondain de cette notion chez La Rochefoucauld. Pour la prédominance du facteur esthétique chez La Rochefoucauld, voir Susan Read Baker, *Collaboration et originalité chez La Rochefoucauld*, University of Florida Humanities Monographs (Gainesville, 1980), p. 97.

6. Sur l'opinion des contemporains concernant Mitton, voir Tallemant de Réaux, *Les Historiettes*, éd. G. Mongrédien, Bibliothèque de la Pléiade (Paris: Gallimard, 1960), II, 197; IV, 40; V, 210.

7. Henri A. Grubbs, *Damien Mitton (1618-1690) bourgeois honnête homme* (Princeton: Princeton Univ. Press, 1932), pp. 55-57.

8. P. 55.
9. Ibid.
10. Ibid., p. 56.
11. Ibid. Cf. Méré, *RHLF*, 30 (1923), 88.
12. Ibid., p. 57.
13. Maximes 90 et 354, pp. 27, 84.
14. *Réflexions sur le ridicule et sur les moyens de l'éviter* (1696), p. 475.
15. Ibid., p. 485.
16. *Les Entretiens d'Ariste et d'Eugène* (1671; rpt. Paris: A. Colin, 1967), p. 91.
17. W. John Kirkness, *Le Français du Théâtre Italien d'après le recueil de Gherardi* (Genève: Droz, 1971), p. 80.
18. La question des rapports et des influences entre Pascal et Méré ne sera sans doute jamais tranchée. Trop d'imprécisions demeurent, et il faut prendre certaines des allégations de Méré *cum grano salis*, entre autres celle où l'auteur se vante d'avoir, au cours d'un voyage dans le Poitou, détourné Pascal des "lieux sauvages des mathématiques" pour lui faire goûter les "agréments du monde" (*OC*, II, 88). Il faut également considérer avec prudence, bien qu'elle semble plus convaincante, la fameuse lettre 9 qu'adresse Méré à Pascal. Nous y reviendrons dans un prochain chapitre. Sur toutes ces questions, voir Antoine Adam, *Histoire de la littérature française au XVIIe siècle*, II, 232-33; Pascal, *Oeuvres complètes*, éd. Louis Lafuma (Paris: Seuil, 19   ), p. 43; Charles-H. Boudhors, "Pascal et Méré: A propos d'un manuscrit inédit," *RHLF*, 20 (1913), 404.
19. J.-J. Demorest, "L'Honnête homme et le croyant selon Pascal," *Modern Philology*, 53 (1956), 218.
20. La *Bibliographie* d'Alexandre Cioranescu ne mentionne aucune étude sur cet ouvrage.
21. D. Van der Cruyse, "L'Honnête homme selon le duc de Saint-Simon," *Revue Belge de Philologie et d'Histoire*, 48 (1970), 780-83.

Chapitre III

1. *L'Art poétique*, éd. Ach. Genty, p. 34.
2. Daniel Mornet, *Histoire de la littérature française classique*, p. 97; Jean Marmier, *Horace en France au dix-septième siècle*, p. 83.
3. *Jugement sur Lysias*, trad. A.-M. Desrousseaux et Max Egger, pp. 21-22.
4. Pierre Monteil, *Beau et laid en latin: Etude de vocabulaire* (Paris: Klincksieck, 1964), pp. 364-67.
5. Sur l'historique et les différents sens de ce mot, voir Claude Moussy, *Gratia et sa famille* (Paris: Presses Universitaires de France, 1966), pp. 418-22.
6. *Remarques sur la langue française* (1647), éd. Jeanne Streicher, p. 526.
7. *Observations sur la langue française* (1680), p. 222.
8. Anthony Blunt, *Artistic Theory in Italy, 1450-1600* (Oxford: Clarendon Press, 1964), p. 97.
9. *De pictura veterum* (Oxford, 1637; Rotterdam, 1649), p. 197.

10. *Oeuvres* (Amsterdam, 1695), I, 199.
11. Raymond Bayer, *L'Esthétique de la grâce* (Paris: Alcan, 1933), p. 34; W.G. Howard, "Reiz ist Schönheit in Bewegung," *PMLA*, 26 (1909); Holt Samuel Monk, "A Grace beyond the Reach of Art," *Journal of the History of Ideas*, 2 (1944).
12. *Lettres*, p. 203.
13. E.B.O. Borgerhoff, *The Freedom of French Classicism* (Princeton: Princeton Univ. Press, 1950), p. 85.
14. Brunschvicg, IX, 276, n. 1; *Les Pensées*, éd. F. Strowski, I, 424; Méré, *OC*, I, 154, n. 1.
15. Depuis leur première rencontre, qui se situe vers 1653, Pascal et Méré se sont revus en 1655, avant la composition des *Provinciales*, et vraisemblablement à Paris avant 1658, date de composition présumée de *L'Art de persuader*. Voir l'introduction de Boudhors, *OC*, I, xlviii.
16. *Lettres*, p. 336.
17. Ibid., p. 287.
18. Ibid., p. 2.
19. *RHLF*, 30 (1923), 89.
20. Cette tendance a fort bien été mise en lumière par J. Brody dans "Platonisme et classicisme," *Saggi e Ricerche di Letteratura Francese*, 2 (1961), 7-30.
21. *Lettres*, p. 12.
22. *Du bel esprit où sont examinés les sentiments qu'on a d'ordinaire dans le monde* (1695), p. 3.
23. *Lettres*, p. 337.
24. *RHLF*, 29 (1922), 83.
25. Sur l'historique de ce concept, voir Erich Haase, "Zur Bedeutung von 'je ne sais quoi,'" *Zeitschrift für französische Sprache und Literatur*, 68 (1956).
26. Dans le *Dictionnaire* de Richelet: "C'est le penchant et l'instinct du cœur pour un objet qui touche"; dans celui de l'Académie: "On dit substantivement un je ne sais quoi pour dire quelque chose qu'on ne peut exprimer. Il y a dans la beauté un je ne sais quoi qui pique plus que la beauté même"; dans celui de Furetière: "On appelle je ne sais quoi un certain agrément qu'on ne saurait bien exprimer."
27. *Les Entretins d'Ariste et d'Eugène* (1671; rpt. Paris: A. Colin, 1967), p. 140. Les références ultérieures portent sur cette édition et indiqueront simplement la page entre parenthèses dans le texte.
28. Erich Haase, "Zur Bedeutung," p. 66.
29. *Oeuvres* (Amsterdam, 1764), p. 80.
30. *L'Usage du monde ou l'agréable société* (1662), p. 30.
31. *Réflexions sur le ridicule et sur les moyens de l'éviter* (1696), p. 488.
32. Ibid., p. 468.
33. *Réflexions sur la politesse des mœurs* (1698), p. 34.

Chapitre IV

1. Jean Chapelain, *Opuscules critiques*, éd. Alfred C. Hunter (Genève: Droz, 1936), p. 72.

2. Ibid., p. 159.
3. Noémi Hepp, "Esquisse du vocabulaire de la critique littéraire de la Querelle du Cid à la Querelle d'Homère," *Romanische Forschungen*, 69 (1957), 341.
4. *Opuscules critiques*, p. 155.
5. Ibid., p. 195.
6. *La Formation*, p. 59.
7. *Opuscules critiques*, p. 296.
8. Ibid., p. 169.
9. *RHLF*, 31 (1924), 492.
10. *Lettres*, pp. 18-19.
11. Pour une étude plus détaillée de ce concept, nous renvoyons à l'excellent ouvrage de Bernard Tocanne, *L'Idée de nature dans la second moitié du XVIIe siècle* (Paris: Klincksieck, 1978).
12. *Réflexions sur la poétique d'Aristote* (Hildesheim: Georg Olms Verlag, 1973). A quoi on ajoutera cette observation de Méré: "Il faut imiter la nature et la suivre en tout, mais la nature la plus parfaite et la plus accomplie" (*Lettres*, p. 122).
13. Noémi Hepp, "Esquisse du vocabulaire de la critique littéraire," p. 378.
14. *La Manière*, p. 267.
15. *L'Usage du beau monde ou l'agréable société* (1662), p. 27.
16. *Oeuvres*, II, 25.
17. *Lettres curieuses*, p. 152.
18. *Réflexions sur le ridicule*, p. 45.
19. *Lettres curieuses*, p. 152.
20. Ibid., p. 26.
21. *Réflexions sur le ridicule*, p. 43.
22. *Les Entretiens d'Ariste et d'Eugène*, p. 125.
23. *Réflexions sur le ridicule*, p. 454.
24. *Lettres*, p. 111.
25. Ibid., p. 112.
26. Ibid., p. 113.
27. *RHLF*, 32 (1925), 444-45.
28. Ibid., 31 (1924), 492.
29. Ibid., 30 (1923), 381, 522, 528.
30. Ibid., 382.
31. Ibid., 29 (1922), 85.
32. Ibid.
33. Ibid., 94.
34. Ibid., 32 (1925), 455.
35. Ibid., 31 (1924), 494.
36. *Lettres*, p. 77.
37. Ibid., p. 121.
38. Quentin M. Hope, *Saint-Evremond: The Honnête Homme as Critic* (Bloomington: Indiana Univ. Press, 1962), p. 3.
39. *Oeuvres*, éd. Des Maizeaux (1726), III, 117.
40. Ibid., p. 337.
41. Ibid., p. 158.
42. Ibid., IV, 233.
43. *Oeuvres*, II, 6.
44. IV, 335.
45. III, 171.

46. *Parallèles des Anciens et des Modernes* (1668), II, 63.
47. *Oeuvres*, IV, 337.
48. *Lettre à l'Académie*, éd. Ernesta Calarini (Genève: Droz, 1970), p. 133.
49. *Parallèles*, I, 169.
50. Hubert Gillot, *La Querelle des anciens et des modernes* (1914), p. 529.
51. *Parallèles*, I, 93.
52. *Réflexions sur la poétique d'Aristote*, p. 27.
53. *Oeuvres*, IX, 21.

Chapitre V

1. Roger de Piles, à la p. 36 des *Diverses Conversations sur la peinture* (1676), note: "Si vous disiez par exemple il y a du goût dans ce tableau, cet homme a du goût, cela voudrait autant comme de dire, ce tableau est de bon goût."
2. *Thesaurus linguae latinae*, IV, 2. Il revêt parfois l'acception *judicium* (jugement), comme chez Cicéron; voir Karl Borinski, *Der Poetik der Renaissance* (1886), p. 308.
3. Frédéric Godefroy, *Dictionnaire de l'ancienne langue française*, IX; Tobler-Lommatzsch, *Altfranzösisches Wörterbuch*, IV.
4. Edmond Huguet, *Dictionnaire de la langue française au 16e siècle*, IV. Pierre Villey, dans son édition des *Essais* de Montaigne, V, 335-00, signale que ce dernier a fait un si fréquent usage des termes *goust* et *gouster* qu'il les a supprimés plus de quarante fois pour leur substituer *appétit, sentiment, plaisir*.
5. Robert Klein, " 'Giudizio' et 'gusto' dans la théorie de l'art au Cinquecento," *Rinascimento*, 1 (1961), 114.
6. Benedetto Croce, *Estetica come scienza dell'espressione e linguistica generale* (1922), p. 200; John W.H. Atkins, *English Literary Criticism* (Londres: Methuen, 1951), p. 28; sur Gracián et son influence en France, voir Adolphe Coster, "Baltasar Gracián," *Revue Hispanique*, 29 (1913); et Louis Van Delft, *La Bruyère: Quatre Etudes sur les "Caractères"* (Genève: Droz, 1971), pp. 111-59. Sur Gracián, voir José García Mercado, *Baltasar Gracián* (Madrid: Compaña Bibliografica Española, 1967).
7. *Oeuvres complètes*, éd. Des Maizeaux, III, 231.
8. Dans sa préface à l'ouvrage du critique Muratori, *Delle riflessioni sopra il buon gusto nelle scienze e negli arti* (1766), p. 72.
9. Baltasar Gracián, *Obras completas*, éd. Correa Calderón (Madrid: M. Aguilar, 1944), p. 371.
10. Baltasar Gracián, *L'Homme de cour*, trad. Amelot de la Houssaye (1685), p. 69.
11. *Oeuvres complètes*, éd. Conrart (1665), I, 47.
12. *Oeuvres*, II, 542.
13. H. Frank Brooks, "Taste, Perfection and Delight in Guez de Balzac's Criticism," *Studies in Philology*, 68 (1971).
14. Mme de Lafayette, *Correspondance*, éd. A. Beaunier (Paris: Gallimard, 1942), II, 47. Noémi Hepp, discutant l'emploi de l'expression bon goût dans les *Pensées ingénieuses* du P. Bouhours, signale qu'elle était assez neuve à cette époque et

paraît sortir de la langue des salons ("Esquisse du vocabulaire de la critique littéraire," p. 343).

15. *Oeuvres*, II, 495, 518.
16. *Du bel esprit*, p. 285.
17. Mme Dacier, dans la préface de son ouvrage *Le Plutus et Les Nuées d'Aristophane* (1683), observe que "tout le monde parle du goût."
17. *Maximes et réflexions diverses*, éd. J. Truchet (Paris: Garnier, 1976), p. 202.
18. *Lettres curieuses*, p. 15.
19. H.T. Barnwell, *Les Idées morales et critiques de Saint-Evremond* (Paris: Presses Universitaires de France, 1957).
20. *Réflexions sur le ridicule*, p. 15.
21. *Maximes*, p. 201.
22. Joel E. Spingarn exprime cette idée très succinctement lorsqu'il écrit: "Taste does not become criticism until it has received reasoned expression" (*Critical Essays of the 17th Century* [1908; rpt. Bloomington: Indiana Univ. Press, 1957], I, xxxv).
23. *Réflexions sur le ridicule*, p. 9.
24. *Horace en France*, p. 91.
25. H.T. Barnwell, *Les Idées morales et critiques de Saint-Evremond*, p. 132.
26. *Phénoménologie de l'expérience esthétique*, p. 99.
27. *Remarques ou réflexions critiques, morales et historiques* (1690), p. 60.
28. Raymond Naves, *Le Goût de Voltaire* (1938), p. 3.
29. *Diverses Conversations sur la peinture*, p. 527.
30. *Oeuvres*, II, 508, 518. Raymond Naves note que chez Rapin "la bienséance n'est que la première désignation de ce goût que le siècle de Louis XIV retrouve et perfectionne" (*Le Goût de Voltaire*, p. 76). Voir également Arnoldo Pizzorusso, "Morvan de Bellegarde e la retorica delle *bienséances*," dans *Teorie letterarie in Francia: Ricerche seisettecentesche* (Pise: Nistri-Lischi, 1968), p. 64.
31. *Oeuvres complètes*, éd. Charles-H. Boudhors (Paris: Les Belles Lettres, 1934-1943), I, 3, Préface de 1701.
32. *Discours sur l'origine de la poésie*, p. 15.
33. Mikel Dufrenne, *Phénoménologie de l'expérience esthétique*, p. 98.
34. Pp. 466-67.
35. *Discours sur l'origine de la poésie*, p. 125.
36. *Du bel esprit*, p. 285.
37. Jules Brody, "Pierre Nicole: Auteur de la Préface du *Recueil des poésies chrétiennes et diverses*," *Dix-septième Siècle*, 64 (1964).
38. La Fontaine, *Oeuvres diverses*, Bibliothèque de la Pléiade (Paris: Gallimard, 1958), II, 779-85. Pierre Clarac, l'éditeur de ce volume, avait erronément attribué cette préface à La Fontaine.
39. *Oeuvres* (1754), VIII, 354.
40. Ibid., I, 136.
41. Paul Dupont, *Houdar de La Motte* (1898), p. 218.
42. *Boileau and Longinus* (Genève: Droz, 1958), p. 67.
43. *Du bel esprit*, p. 98.
44. Cité par Elfrieda Dubois, dans "*Ingenium* et *iudicum*: Quelques réflexions sur la nature de la création poétique," dans *Critique et création littéraire en France au XVIIe siècle* (Paris: C.N.R.S., 1977), p. 321.
45. *Oeuvres*, II, 508.
46. *Abrégé de la vie des peintres*, p. 526.
47. *La Formation*, p. 136.

48. "Des jugements," p. 56.
49. *Lettres curieuses*, p. 10.
50. *Du bel esprit*, p. 286.
51. Maxime 258, p. 66.
52. *Discours sur l'origine de la poésie*, p. 120.
53. Ibid.
54. "Des ouvrages de l'esprit," p. 10.
55. Jules Brody, "Platonisme et classicisme."
56. Br. XII, p. 41, n. 1.
57. "Platonisme et classicisme," p. 198.
58. *Lettres*, p. 119.
59. Ibid., p. 76.
60. Charles Bruneau, "Esprit: Essai d'un classement historique des sens," dans *Etudes romanes dédiées à Mario Roques* (Genève: Droz, 1946), p. 174.
61. *Lettres*, p. 73.
62. Ibid., p. 80.
63. Robert Klein, " 'Giudizio' et 'gusto,' " p. 116.
64. "Des ouvrages de l'esprit," p. 10.
65. *Réflexions*, p. 160.
66. *Du bel esprit*, p. 286.
67. *L'Esthétique du sentiment* (1927), p. 3.
68. *Introduction à l'esthétique* (Paris: Aubier, 1958), p. 84.
69. Ibid., p. 85.
70. Rémy Gilbert Saisselin, *Taste in Eighteenth-Century France* (Syracuse: Syracuse Univ. Press, 1965).
71. Alexander Gerard, *An Essay on Taste* (Londres, 1759; rpt. Gainesville, Fla: Scholar Facsimiles & Reprints, 1963). D'après René Welleck, cet ouvrage constitue "the most elaborate and most scholastic treatise of the time on the subject" (*A History of Criticism*, p. 108).

Chapitre VI

1. *La Formation de la doctrine classique*, p. 230.
2. Maxime 447, p. 102.
3. *Réflexions sur la poétique de ce temps*, p. 67.
4. *Instructions pour un jeune homme ou l'idée d'une honnête femme* (1701), p. 33.
5. Bray, *La Formation de la doctrine classique*, p. 217.
6. Gerald F. Else, *Aristotle's Poetics*, p. 458.
7. *Oeuvres*, II, 514.
8. Cf. les dictionnaires de Frédéric Godefroy, Tobler-Lommatzsch, et Grandsaignes d'Hauterive.
9. *L'Art poétique* (1555), ed. André Boulanger (Paris: Les Belles Lettres, 1930), p. 104.

10. Cité dans le dictionnaire d'Edmond Huguet, IV, 575.
11. *La Formation de la doctrine classique*, pp. 215-30.
12. Ibid., p. 216.
13. *La Dramaturgie classique en France*, pp. 383-421.
14. Bray, *La Formation de la doctrine classique*, p. 216.
15. *La Politesse mondaine et les théories de l'honnêteté*, p. 144.
16. Avertissement, p. v.
17. *Traité de la civilité ou l'éducation parfaite* (1713), p. 3.
18. *De la science du monde* (1716), p. 89.
19. Ibid.
20. *Oeuvres*, II, 510.
21. *Discours de la bienséance* (1689), p. 85.
22. *Réflexions sur les défauts d'autrui* (1695), p. 59.
23. Ibid., p. 62.
24. *Traité de la civilité ou l'éducation parfaite*, p. 3.
25. *La Rhétorique française* (1674), p. 239.
26. *Réflexions sur la politesse des mœurs* (1698), p. 1.
27. Ibid., p. 52.
28. *Observations sur le Cid* (1637), dans *La Querelle du Cid*, éd. Armand Gasté (Paris, 1899), pp. 76-77.
29. *Réflexions sur la poétique de ce temps*, p. 114.
30. *RHLF*, 31 (1924), 495.
31. *RHLF*, 30 (1923), 80.
32. *Réflexions sur la poétique de ce temps*, p. 126.
33. Ibid., p. 66.
34. Ibid., p. 39.
35. *Oeuvres* (Amsterdam, 1764), p. 111.
36. P. 74.
37. *La Poétique* (1639), p. 108.
38. *La Pratique du théâtre* (1657), éd. Pierre Martino (Paris: Champion, 1927), p. 92.
39. Ibid., p. 87.
40. Ibid., p. 165.
41. *Les Sentiments de l'Académie Française sur la tragi-comédie du Cid* (1638), éd. Georges Collas (Genève: Slatkine, 1968), p. 41.
42. *Réflexions sur la poétique de ce temps*, p. 117.
43. Julia Kristeva, *Sémiotikè: Recherches pour une sémanalyse* (Paris: Seuil, 1969), p. 211.
44. Ibid.
45. Tous les documents concernant cette Querelle sont rassemblés dans l'ouvrage d'Armand Gasté, *La Querelle du Cid*. Pour une mise au point plus récente, voir Jeremy N.J. Palmer, "The Function of 'le vraisemblable' in French Classical Aesthetic Theory," *French Studies*, 29 (1975).
46. Henri Coulet, *Le Roman jusqu'à la Révolution* (Paris: A. Colin, 1967), I, 180; Roger Francillon, *L'Oeuvre romanesque de Madame de La Fayette* (Paris: J. Corti, 1973), p. 249.
47. *La Princesse de Clèves* (Paris: Garnier-Flammarion, 1967), p. 122.
48. Ce passage est tiré d'une lettre adressée à Madame de Sévigné le 29 juin 1678; elle se trouve reproduite par Albert Cazès dans son édition de *La Princesse de Clèves* (Paris: Les Belles Lettres, 1934), p. 199.

49. Coulet, *Le Roman jusqu'à la Révolution*, I, 260.
50. *Correspondance*.
51. Gérard Genette, *Figures II* (Paris: 1969), p. 73.
52. Ibid., p. 75.
53. Valincour, *Lettres à Madame la Marquise *** sur le sujet de la Princesse de Clèves* (1678), Groupe d'étude du XVIIe siècle dirigé par Jacques Chapeau (Paris: Editions de l'Université François Rabelais, 1972), p. viii.
54. Ibid., pp. 9, 50, 148.
55. Ibid., pp. 203, 205.
56. Ibid., p. 41.
57. Ibid., p. 45.
58. Ibid., p. 46.
59. Ibid., p. 283.
60. Jonathan Culler, *Structuralist Poetics, Structuralism, Linguistics, and the Study of Literature* (Ithaca, N.Y.: Cornell Univ. Press, 1975), p. 141.
61. *L'Iliade: Poème avec un discours sur Homère* (1714), p. xxxiii.
62. Op. cit., p. 214.
63. "Frontières du récit," dans *Figures II*, p. 61.
64. Roland Barthes, *Le Degré zéro de l'écriture* (Paris: Gonthier, 1965), p. 50.
65. *La Rhétorique ou l'art de parler* (1678), p. 372.
66. Du Plaisir, *Sentiments sur les lettres et sur l'histoire avec des scrupules sur le style*, éd. Philippe Hourcade (Genève: Droz, 1975), p. 60.
67. *Réflexions sur la poétique de ce temps*, p. 85.
68. *La Rhétorique ou l'art de parler*, p. 117.
69. *Réflexions sur la poétique de ce temps*, p. 116.

BIBLIOGRAPHIE

Textes du dix-septième et du dix-huitième siècle

Andry, Nicolas Boisregard de. *Suite des réflexions critiques sur l'usage présent de la langue française.* Paris, 1693.

Argens, Jean-Baptiste d'. *Réflexions historiques et critiques sur le goût.* Amsterdam, 1743.

Aubignac, François Hédelin, Abbé d'. *La Pratique du théâtre.* Ed. Pierre Martino. Paris: Champion, 1927.

Baillet, Adrien. *Jugement des savants sur les principaux ouvrages des auteurs.* Paris, 1685.

Balzac, Jean-Louis Guez de. *Oeuvres.* Paris, 1665.

Bary, René. *L'Esprit de cour ou les conversations galantes.* Paris, 1662.

Boileau-Despréaux, Nicolas. *Oeuvres complètes.* Ed. Charles-H. Boudhors. Paris: Les Belles Lettres, 1934-1943, 7 vols.

Bordelon, Laurent. *Remarques ou réflexions critiques, morales et historiques.* Paris, 1690.

Bayle, Pierre. *Dictionnaire historique et critique.* Ed. Pierre Desmaizeaux. Amsterdam, 1730.

Bouhours, Dominique. *Les Entretiens d'Ariste et d'Eugène* (1671). Paris: Armand Colin, 1962.

―――. *Doutes sur la langue française.* Paris, 1674.

―――. *Remarques nouvelles sur la langue française.* Paris, 1675.

―――. *La Manière de bien penser dans les ouvrages d'esprit.* Paris, 1687.

―――. *Pensées ingénieuses dans les anciens et les modernes.* Paris, 1689.

Burke, Edmund. *A Philosophical Enquiry into the Origin of Our Ideas of the Sublime and the Beautiful.* Ed. J.T. Boulton. New York: Columbia Univ. Press, 1958.

Bussy-Rabutin, Roger de. *Correspondance (1666-1693).* Ed. L. Lalanne. Paris, 1858-1859.

Callières, François de. *Des mots à la mode et des nouvelles façons de parler.* Paris, 1692.

―――. *Du bon et du mauvais usage.* Paris, 1693.

―――. *Du bel esprit où sont examinés les sentiments qu'on a d'ordinaire dans le monde.* Paris, 1695.

―――. *De la science du monde.* Paris, 1716.

Castiglione, Baldassare. *Le Parfait Courtisan.* Trad. Gabriel Chapuis. Paris, 1585.

Chalesme, de. *L'Homme de qualité ou les moyens de vivre en homme de bien et en homme du monde.* Paris, 1672.

Chapelain, Jean. *Les Sentiments de l'Académie Françiase sur la tragi-comédie du Cid* (1638). Ed. Georges Collas. Genève: Slatkine, 1968.

———. *Opuscules critiques.* Ed. Alfred Hunter. Genève: Droz, 1936.

———. *De la lecture des vieux romans.* Ed. Alphonse Feuillet. Paris, 1870.

———. *Lettres.* Ed. Tamizez Larroque. Paris, 1880.

Corneille, Pierre. *Théâtre complet.* Ed. Maurice Rat. Paris: Garnier, 1962.

Courtin, Antoine de. *Nouveau Traité de la civilité.* Paris, 1679.

Descartes, René. *Oeuvres.* Ed. Ch. Adam et P. Tannéry. Paris: Vrin, 1967.

Du Plaisir. *Sentiments sur les lettres et sur l'histoire avec des scrupules sur le style.* Ed. Philippe Hourcarde. Genève: Droz, 1975.

Faret, Nicolas. *L'Honnête Homme ou l'art de plaire à la cour* (1630). Ed. Maurice Magendie, 1927; réimp. Genève: Slatkine, 1969.

Félibien, André. *Entretiens sur les vies et les ouvrages des plus excellents peintres anciens et modernes.* Paris, 1685.

Fénelon, François de Salignac de la Mothe. *Lettre à l'Académie* (1716). Ed. Albert Cahen. Paris, 1920.

Frain du Tremblay, Jean. *Discours sur l'origine de la poésie, sur son usage et sur le bon goût.* Paris, 1711.

Furetière, Antoine. *Dictionnaire universel.* Paris, 1682.

Gerard, Alexander. *An Essay on Taste.* 1759; réimp. Gainesville, Florida: Facsimiles and Reprints, 1963.

Gérard, Armand de. *La Philosophie des gens de cour.* Paris, 1680.

Goussault. *Le Portrait de l'honnête homme.* Paris, 1689.

Gracián, Baltasar. *Obras completas.* Ed. Correra Calderón. Madrid: M. Aguilar, 1944.

Horace. *Opera.* Ed. F. Lingner. Leipzig: Teubner, 1959.

Huët, Daniel. *Lettre sur l'origine des romans.* Paris, 1669.

Junius, Franciscus. *De pictura veterum.* Amsterdam, 1637.

La Bruyère, Jean. *Oeuvres complètes.* Ed. Julien Benda. Bibliothèque de la Pléiade. Paris: Gallimard, 1967.

La Chétardie, Trotti de. *Instructions pour un jeune seigneur ou l'idée d'un galant homme.* Paris, 1684.

———. *Instructions pour une jeune princesse ou l'idée d'une honnête femme.* Paris, 1701.

La Fayette, Madame de. *Correspondance.* Ed. A. Beaunier. Paris: Gallimard, 1942.

———. *La Princesse de Clèves.* Paris: Garnier-Flammarion, 1967.

La Fontaine, Jean de. *Oeuvres diverses.* Ed. Pierre Clarac. Bibliothèque de la Pléiade. Paris: Gallimard, 1968.

La Mesnardière, Jules de. *La Poétique.* Paris, 1639.

La Motte, Houdart de. *Oeuvres.* Paris, 1754.

Lamy, Bernard. *La Rhétorique ou l'art de parler suivie des Nouvelles Réflexions sur l'art poétique.* Paris, 1678.

La Rochefoucauld, François de. *Maximes suivies des Réflexions diverses.* Ed. Jacques Truchet. Paris: Garnier, 1967.

Le Bossu, René. *Traité du poème épique*. Paris, 1677.
Le Gras, Gabriel. *La Rhétorique française*. Paris, 1671.
Marmet de Valcroissant, Pierre. *Maximes pour vivre heureusement dans le monde et pour former l'honnête homme*. Paris, 1662.
―――. *L'Usage du beau monde ou l'agréable société*. Paris, 1662.
Ménage, Gilles. *Observations sur la langue française*. Paris, 1672.
Méré, Antoine Gombauld, Chevalier de. *Oeuvres complètes*. Ed. Charles-H. Boudhors. Paris: Les Belles Lettres, 1930.
―――. *Lettres*. Paris, 1682.
―――. *Divers Propos du chevalier de Méré (1674-1675)*. Ed. Charles-H. Boudhors. *Revue d'Histoire Littéraire de la France*, 29-31 (1922-1924), passim.
Molière, Jean-Baptiste Poquelin. *Oeuvres complètes*. Ed. Maurice Rat. Bibliothèque de la Pléiade. Paris: Gallimard, 1965.
Morvan de Bellegarde, Jean-Baptiste. *Réflexions sur ce qui peut plaire ou déplaire dans le commerce du monde*. Paris, 1688.
―――. *Réflexions sur le ridicule et sur les manières de l'éviter*. Paris, 1696.
―――. *Modèles de conversations pour les personnes polies*. Paris, 1697.
―――. *Lettres curieuses de littérature et de morale*. Paris, 1702.
―――. *Traité de la civilité ou l'éducation parfaite*. Paris, 1713.
Ortigue de Vaumorière, Pierre. *L'Art de plaire dans la conversation*. Paris, 1688.
Pascal, Blaise. *Oeuvres complètes*. Ed. L. Brunschvicg. Paris, 1904-1914.
Perrault, Charles. *Parallèles des Anciens et des Modernes*. Paris, 1668.
Pic, Jean. *Discours sur la bienséance, avec des maximes et des réflexions très importantes pour réduire cette vertu en usage*. Paris, 1688.
―――. *Les Devoirs de la vie civile*. Paris, 1681.
Piles, Roger de. *Diverses conversations sur la peinture*. Paris, 1677.
―――. *Abrégé de la vie des peintres*. Paris, 1699.
Racine, Jean. *Oeuvres complètes*. Ed. Raymond Picard. Bibliothèque de la Pléiade. Paris: Gallimard, 1960.
Rapin, René. *Oeuvres*. Paris, 1695.
―――. *Réflexions sur la poétique de ce temps et sur les ouvrages des poètes anciens et modernes*. Ed. E.-T. Dubois. Genève: Droz, 1970.
Refuge, Eustache de. *Traité de la cour*. Paris, 1665.
Richelet, Pierre. *Dictionnaire français*. Paris, 1680.
Saint-Evremond. *Oeuvres*. Ed. Pierre Desmaizeaux. Paris, 1726.
Scudéry, Madeleine de. *Conversations sur divers sujets*. Paris, 1680.
Sorel, Charles. *La Bibliothèque française*. Paris, 1664.
―――. *De la connaissance des bons livres*. Paris, 1671.
Villiers, Pierre de. *Réflexions sur les défauts d'autrui*. Paris, 1690.
Villedieu, Madame de. *Les Désordres de l'amour*. Ed. Micheline Cuénin. Genève: Droz, 1970.

Etudes

Adam, Antoine. *Histoire de la littérature française au XVIIe siècle*. Paris: Domat, 1948-1956, 5 vols.

Allen, B. Sprague. *Tides in English Taste: 1619-1800*. Cambridge, Mass.: Harvard Univ. Press, 1937.

Assunto, Rosario. "Il Concetto di 'gusto' e la filosofia dell'arte." *Arte Oggi*, 16 (1962), 220-38.

Atkins, John W.H. *English Literary Criticism: 17th and 18th Centuries*. Londres: Methuen & Co., 1951.

Barnwell, H.T. *Les Idées morales et critiques de Saint-Evremond*. Paris: Presses Universitaires de France, 1957.

Barrère, Jean-Bertrand. *L'Idée de goût de Pascal à Valéry*. Paris: Klincksieck, 1972.

Basch, Victor. *Essais d'esthétique, de philosophie et de littérature*. Paris, 1934.

Bayer, Raymond. *L'Esthétique de la grâce*. Paris, 1933.

―――. *Essais sur la méthode en esthétique*. Paris, 1953.

―――. *Histoire de l'esthétique*. Paris: A. Colin, 1961.

Benay, Jacques. "L'Honnête Homme devant la nature ou la philosophie du chevalier de Méré." *PMLA*, 79 (1964), 22-32.

Blunt, Anthony. *Artistic Theory in Italy, 1450-1600*. Oxford: Clarendon Press, 1940.

Borgerhoff, Elbert B.O. *The Freedom of French Classicism*. Princeton: Princeton Univ. Press, 1950.

Bosanquet, Bernard. *A History of Aesthetics*. New York: Meridian Books, 1957.

Bourgoin, Auguste. *Les Maîtres de la critique au 17e siècle*. Paris: Nizet, 1889.

Bray, René. *La Formation de la doctrine classique*. Paris, 1927.

Brody, Jules. *Boileau and Longinus*. Genève: Droz, 1958.

―――. "Platonisme et classicisme." *Saggi e Ricerche di Letteratura Francesa*, 2 (1961), 7-30.

―――. "Pierre Nicole: Auteur de la Préface du *Recueil des poésies chrétiennes et diverses*." *Dix-septième Siècle*, 64 (1964), 31-54.

Cassirer, Ernst. *La Philosophie des lumières*. Paris: Fayard, 1966.

Coulet, Henir. *Le Roman jusqu'à la Révolution*. Paris: A Colin, 1967.

Croce, Bendetto. *Estetica come scienza dell'espressione e linguistica generale: Teoria e storia*. Bari, 1922.

Culler, Jonathan. *Structuralist Poetics*. Ithaca, N.Y.: Cornell Univ. Press, 1975.

BIBLIOGRAPHIE 155

Davidson, Hugh M. *Audience, Words and Art: Studies in Seventeenth-Century French Rhetoric.* Columbus: Ohio State Univ. Press, 1965.

Dens, Jean-Pierre. "L'Art de la conversation au dix-septième siècle." *Les Lettres Romanes*, 27 (1973), 213-24.

———. "Le Chevalier de Méré et la critique mondaine." *Dix-septième Siècle*, 101 (1973), 41-50.

———. "La Notion de bon goût au XVIIe siècle: Historique et définition." *Revue Belge de Philologie et d'Histoire*, 3 (1975), 726-29.

———. "*Beauté* et *grâce* au XVIIe siècle." *Revue d'Histoire Littéraire de la France*, 75 (1975), 795-99.

———. "L'Honnête Homme ou l'esthétique de paraître." *Papers on French Seventeenth Century Literature*, 6 (1976), 70-82.

Dufrenne, Mikel. *Phénoménologie de l'expérience esthétique.* Paris: Presses Universitaires de France, 1953.

Dumonceaux, Pierre. *Langue et sensibilité au XVIIe siècle.* Genève: Droz, 1975.

Edelman, Nathan. "*L'Art poétique*: 'Long-temps plaire, et jamais ne lasser.'" Dans *Studies in Seventeenth Century French Literature.* Ed. J.-J. Demorest. New York: Doubleday, 1962.

Else, Gerald F. *Aristotle's Poetics: The Argument.* Cambridge, Mass: Harvard Univ. Press, 1963.

Fayolle, Roger. *La Critique littéraire.* Paris: A. Colin, 1964.

Foucault, Michel. *Les Mots et les choses.* Paris: Gallimard, 1966.

Francillon, Roger. *L'Oeuvre romanesque de Mme de La Fayette.* Paris: J. Corti, 1973.

Genette, Gérard. *Figures II.* Paris: Seuil, 1969.

Gilbert, Katherine, et Helmut Kurhn. *History of Esthetics.* Bloomington: Indiana Univ. Press, 1954.

Grubbs, Henry A. *Damien Mitton (1618-1690): Bourgeois, honnête homme.* Princeton: Princeton Univ. Press, 1932.

Hazard, Paul. *La Crise de la conscience européenne.* Paris: Fayard, 1961.

Hegel, G.W.F. *Introduction à l'esthétique.* Paris: Aubier, 1964.

Hepp, Noémi. "Esquisse du vocabulaire de la critique littéraire de la querelle du Cid à la querelle d'Homère." *Romanische Forschungen*, 69 (1957), 332-408.

———. *Homère en France au XVIIe siècle.* Paris: Klincksieck, 1968.

Hipp, Marie-Thérèse. *Mythes et réalités: Enquête sur le roman et les mémoires.* Paris: Klincksieck, 1976.

Hope, Quentin M. *Saint-Evremond: The Honnête Homme as Critic.* Bloomington: Indiana Univ. Press, 1962.

Jehasse, Jean. *La Renaissance de la critique*: Saint-Etienne, 1976.

———. *Guez de Balzac et le génie romain.* Saint-Etienne, 1978.

Kohn, René. *Le Goût de La Fontaine.* Paris: Presses Universitaires de France, 1962.
Kristeva, Julia. *Sémiotikè.* Paris: Seuil, 1969.
Lathuillère, Roger. *La Préciosité: Etude historique et linguistique.* Genève: Droz, 1966, vol. I.
Litman, Théodore A. *Le Sublime en France (1660-1714).* Paris: Nizet, 1971.
Lougee, Carolyn C. *Le Paradis des Femmes: Women, Salons and Social Stratification in Seventeenth-Century France.* Princeton: Princeton Univ. Press, 1976.
Magendie, Maurice. *La Politesse mondaine et les théories de l'honnêteté en France au 17e siècle de 1600 à 1660.* Paris, 1925.
Marmier, Jean. *Horace en France au dix-septième siècle.* Paris: Presses Universitaires de France, 1962.
Mauzi, Robert. *L'Idée de bonheur au 18e siècle.* Paris: A. Colin, 1960.
McLean, Ian. *Women Triumphant (1610-1652).* Oxford: Oxford Univ. Press, 1977.
Niderst, Alain. *Fontenelle à la recherche de lui-même.* Paris: Nizet, 1972.
Pizzorusso, Arnoldo. *Teorie letterarie in Francia: Ricerche seisettecentesche.* Pise: Nistri-Lischi, 1968.
Ramsey, Jerome. "Valincour and the Critical Tradition." *Modern Philology*, 4 (1968), 96-112.
Saisselin, Rémy Gilbert. *Taste in Eighteenth Century France.* Syracuse: Syracuse Univ. Press, 1965.
———. *The Rule of Reason and the Ruses of the Heart.* Cleveland: Case Western Reserve Univ. Press, 1970.
Scherer, Jacques. *La Dramaturgie classique en France.* Paris: Nizet, 1950.
Segond, Jean. *L'Esthétique du sentiment.* Paris, 1927.
Soreil, Arsène. *Introduction à l'histoire de l'esthétique française.* Bruxelles: Palais des Académies, 1966.
Sparshot, F.E. *The Structure of Aesthetics.* Toronto: Univ. of Toronto Press, 1963.
Spingarn, Joel. *Critical Essays of the 17th Century.* Paris, 1908.
Stanton, Domna. *The Aristocrat as Art: A Study of the* Honnête Homme *and the* Dandy *in Seventeenth- and Nineteenth-Century French Literature.* New York: Columbia Univ. Press, 1980.
Starobinski, Jean. "La Rochefoucault et les morales substitutives." *Nouvelle Revue Française*, 14 (1966), 16-34, 211-29.
Strozetzki, C. *Konversation: Ein Kapitel gesellschftlicher und literarischer Pragmatik im Frankreich des 17. Jahrhunderts.* Francfort, 1978.
Tocanne, Bernard. *L'Idée de nature en France dans la seconde moitié du XVIIe siècle.* Paris: Klincksieck, 1978.

Todorov, Tvetzan. *Théorie des symboles*. Paris: Seuil, 1977.
Wellek, René. *A History of Literary Criticism*. New Haven: Yale Univ. Press, 1955.
Woshinski, Barbara. La Princesse de Clèves: *The Tension of Elegance*. The Hague: Mouton, 1973.
Zuber, Roger. *Les "Belles Infidèles" et la formation du goût classique*. Paris: A. Colin, 1968.

27. Donald M. Frame and Mary B. McKinley, eds. *Columbia Montaigne Conference Papers*. 1981.
28. Jean-Pierre Dens. *L'Honnête Homme et la critique du goût: Esthétique et société au XVIIe siècle*. 1981.

French Forum, Publishers, Inc.
P.O. Box 5108, Lexington, Kentucky 40505

Publishers of *French Forum*, a journal of literary criticism

OHIO UNIVERSITY LIBRARY

Please return this book as soon as you have finished with it. In order to avoid a fine it must be returned by the latest date stamped below.

JAN 1 2 1983

CF